*Anselm Grün*
# *Dem Glücklichen schlägt keine Stunde*

*Anselm Grün*

# *Dem Glücklichen schlägt keine Stunde*

Herausgegeben von Anton Lichtenauer

**KREUZ**

© KREUZ VERLAG
in der Verlag Herder GmbH, Freiburg im Breisgau 2010
Alle Rechte vorbehalten
www.kreuz-verlag.de

Umschlaggestaltung und Konzeption: Agentur R.M.E
Eschlbeck / Hanel / Gober
Umschlagfoto: © Getty Images/Grady Coppell

Satz: Arnold & Domnick, Leipzig
Herstellung: fgb · freiburger graphische betriebe
www.fgb.de

Gedruckt auf umweltfreundlichem, chlorfrei gebleichtem
Papier
Printed in Germany

ISBN 978-3-7831-3448-3

# Inhalt

Vorwort . . . . . . . . . . . . . . . . . . . . . . . 6

1. Heilung der Zerrissenheit . . . . . . . . . . . 13

2. Langsam tut der Seele gut . . . . . 53

3. Heute ist die beste Zeit . . . . . . . . . 71

4. Überall führt eine Spur zum Glück . . . 97

5. Alle Zeit will Ewigkeit . . . . . . . . . . . . 115

6. Augenblick bringt das Glück . . . . . . . 137

Quellen . . . . . . . . . . . . . . . . . . . . . . 160

# Vorwort

„Dem Glücklichen schlägt keine Stunde", so verheißt es das Sprichwort. Sprichwörter sind Ausdruck von Erfahrung und Lebensweisheit. Und auch dieses zeigt eine verlässliche Spur, wenn wir danach fragen, wo und wie Glück zu erleben ist.

So viel ist sicher: Wer sein Glück packen und festhalten will, dem schlüpft es aus der Hand. Wer ihm hinterherhetzt, der wird es nie erreichen. Es ist immer schon da und wartet darauf, dass wir es wahrnehmen. Erleben kann es aber nur, wer ganz im Augenblick ist. Denn nur der Moment, dieser eine Augenblick, lässt mich das Glück berühren. Glück lässt sich auch nicht kaufen. Es ist nicht durch noch so ausgefeilte Techniken zu erwerben. Tricks helfen da nicht. Glück meint einfach: ganz im Einklang mit sich sein. Und diese innere Harmonie beginnt damit, dass wir im Einklang sind mit dem Augenblick. Das klingt einfacher, als es ist.

Aber nur wenn ich frei bin von den Ansprüchen meines Ego kann es gelingen. Das Ego will immer festhalten. Es will etwas haben. Glück ist aber nicht zu „haben". Glücklich ist nicht wer viel hat, sondern wer einfach, ganz im Augenblick ist. So hat es der Hans im Glück des Märchens erfahren. Als ihm auch noch seine letzte Habseligkeit, der Wetzstein, in den Brunnen fällt, ruft er: „So glücklich wie ich gibt es keinen Menschen unter der Sonne." Er hat jetzt nichts mehr. Aber er tanzt und springt voller Freude: Er ist einfach.

„Dem Glücklichen schlägt keine Stunde", das sagt noch etwas: Glückserfahrung ist nicht planbar. Manche meinen: Sobald ich die Prüfung geschafft habe, werde ich der glücklichste Mensch auf Erden sein. Doch dann ist die Prüfung vorbei und statt Glück empfindet man Leere: die Traurigkeit des Erfolgs. Diese eine Stunde, auf die ich solange hingelebt habe und von der ich alles Glück der Welt erwartet habe, enttäuscht mich, wenn sie da ist. Die verminderte Spannung zieht auch die Stimmung nach unten. Das Glück begegnet mir, wann und wo es will. An mir liegt es, bereit zu sein: Für die Freude, die mir aus einem lachenden Gesicht entgegenstrahlt. Für das Glück, das der frische Frühlingsmorgen mir vor Augen hält. Für die Verzauberung durch die Begegnung mit einem lieben Menschen. Die glücklichen Augenblicke können mich jeden Moment erwarten. Ich muss sie nur wahrnehmen.

Wer Glück empfindet, möchte es festhalten. „Alle Lust will Ewigkeit", sagt Friedrich Nietzsche. „Verweile doch! Du bist so schön", für einen solchen Moment will Goethes Faust seine Seele sogar dem Teufel verkaufen. Das Glück will zwar Ewigkeit. Aber es lässt sich immer nur in diesem Augenblick wahrnehmen. Wer sein Ego loslässt und sich dem inneren Zustand des Glücks überlässt, für den steht die Zeit still. Und dann erfährt er das

Glück nicht nur als kurzes Erhaschen eines schönen Augenblicks. Dann empfindet er, dass die Zeit stillsteht. In einer solchen Erfahrung scheint das Glück ewig zu währen. Meister Eckehart spricht von der Fülle der Zeit, wenn die Zeit stillsteht, wenn Christus selbst in die Zeit kommt. Glück ist immer erfüllte Zeit. In diesem Augenblick fallen Zeit und Ewigkeit zusammen. Ewigkeit erahne ich, wenn ich einfach nur im Schauen, im Spüren, im Wahrnehmen, in der Begegnung bin. Sobald ich nachrechnen oder kontrollieren will, falle ich schon aus der Zeit, die Ewigkeit ist, heraus. Und ich erlebe die Zeit, die mich auffrisst, die Zeit, die mir davonläuft. Die Zeit steht nur still, wenn ich selbst still geworden bin, wenn ich stehen bleibe und einfach nur im Stehen bin, im Wahrnehmen dessen, was ist.

Es gibt noch andere Sprichwörter, die den Augenblick mit dem Glück verbinden. So heißt es: „Augenblick bringt das Glück." Das Wort

Augenblick meint ursprünglich den schnellen Blick der Augen, also eine kurze Zeitspanne, Zeit, die man nicht festhalten kann. Die Lateiner sprechen vom „ictus oculi", vom Augenschlag. Sie denken dabei an die Bewegung der Wimpern. Die deutsche Sprache bezieht sich jedoch auf das Schauen. Aber es ist kein Schauen, bei dem ich verweilen kann, sondern ein kurzer Blick, der schnell vorbei ist. Ich habe gerade hingeschaut und schon ist das, was ich geschaut habe, vorübergegangen. Ich kann es nicht mehr sehen. Ich schaue nur auf das, was mich fasziniert, was meinen Blick auf sich zieht, auf etwas Interessantes und Anziehendes.

Wenn uns etwas abstößt, dann schauen wir lieber nicht hin. Doch festhalten können wir den bewegendsten Augenblick nicht. Schon im nächsten Moment ist er vorbei. Wir können uns nur daran erinnern, dass wir in diesem Augenblick etwas geschaut haben, was unser Herz berührt.

Wenn wir das Wort „Augenblick" meditieren, können wir es auch als den Blick der Augen verstehen, die auf uns schauen. Das deutsche Wort „Blick" kommt ursprünglich von „Blitz, Glanz, heller Lichtstrahl". In den Augen eines anderen Menschen kommt mir ein Leuchten entgegen, etwas Glänzendes. In der Begegnung schaut mich ein Mensch an. Und schon oft hat mich so ein „Augen-Blick" verzaubert, vor allem wenn es ein Liebes-Blick war. Menschen, die sich verliebt haben, erzählen manchmal: Es war „Liebe auf den ersten Blick". Sie haben sich angeschaut und in diesem Augenblick wussten sie, dass sie füreinander geschaffen sind. Wir dürfen beim „Augen-Blick" aber auch an die liebenden Augen Gottes denken. Beim Propheten Jesaja sagt Gott zu jedem von uns: „Du bist kostbar in meinen Augen, wertvoll, und ich habe dich lieb." (Jes 43,4) Gottes Augen blicken auf mich, nicht um mich zu kontrollieren, sondern weil sie mich lieben. Gottes Augen begleiten mich. Sie zeigen mir, dass ich in keinem Augenblick allein gelassen bin. Immer bin ich unter Gottes guten Augen. Sie bringen Licht und Glanz in mein Leben. Sie ruhen auf mir, sie umgeben mich mit Liebe und Licht. Wenn ich darum weiß, wird jeder Augen-Blick zu einem erfüllten Augenblick, zum Glück, das mich aus den liebenden Augen eines Menschen oder meines Gottes anlacht.

So wünsche ich den Lesern und Leserinnen, dass sie immer wieder Augenblicke des Glücks erfahren, dass sie sich anschauen lassen von dem Glück, das ihnen in der Schönheit der Natur, in der Liebe eines menschlichen Auges und in der Liebe Gottes aufstrahlt.

Und ich wünsche Ihnen, dass in diesen Augenblicken Zeit und Ewigkeit zusammenfallen und Sie so erfahren lassen: „Dem Glücklichen schlägt keine Stunde."

# 1. Heilung der Zerrissenheit

# Der erschöpfte Holzfäller

Anthony de Mello erzählt die Geschichte eines erschöpften Holzfällers, der viel Zeit und Kraft verschwendete, weil er mit einer stumpfen Axt arbeitete. Er habe er keine Zeit, die Schneide zu schärfen, sagte er. In dem Mann können wir uns alle wieder finden – indem wir uns keine Zeit nehmen, die Schneide unserer stumpfen Axt zu schärfen, verschwenden wir unsere Energie mit den immer gleichen Tätigkeiten. Wir gönnen uns nicht die Zeit, einmal nachzudenken: Ist es richtig, immer das Gleiche zu tun? Sollten wir nicht innehalten, um zu schauen, worum es eigentlich geht in unserem Leben? Wer die Frage nach dem Sinn ausklammert und sich einfach nur den Tätigkeiten widmet, die er gerade zu erledigen hat, dessen Schneide wird stumpf. Er arbeitet viel, aber es kommt nichts dabei heraus. Wir brauchen Zeiten der Stille, um zu überprüfen, ob das, was wir tun, noch wichtig ist und ob wir nicht viel zu viel Energie dafür verwenden.

Das ausgeglichene Verhältnis von Nehmen und Geben gilt für alles, was wir tun. Für unsere Zeit gilt es besonders. Wer sich Zeit nimmt, bekommt Zeit geschenkt. Er verbraucht nicht mehr soviel Zeit für Unsinniges. Weil wir keine Zeit haben, uns um unsere Gesundheit zu kümmern, werden wir krank. Der Körper zwingt uns dann, uns die Zeit zu nehmen, die wir uns sonst nicht gegönnt hätten. Weil wir zuviel Energie verschwenden, mit der stumpfen Axt auf den Baum einzuhauen, brennen wir aus. Wir haben keine Energie mehr und werden so gezwungen, inne zu halten, uns zu erholen, damit wir wieder zu Kräften kommen. Die Geschichte vom Holzfäller will uns lehren, uns freiwillig die Zeit zu nehmen, damit uns nicht der Leib oder die Umstände die Zeit stehlen, die wir uns nicht gegönnt haben.

# Im Hamsterrad

Viele beschreiben heute ihr Leben als Leben im Hamsterrad. Sie haben den Eindruck, dass sich das Hamsterrad dreht und dreht, immer weiter, immer schneller, ohne Pause. Sie laufen wie ein Hamster darin und finden doch keine Ruhe. Sie meinen, die äußere Schnelligkeit und das Tempo der Welt würde sie zur Rastlosigkeit verurteilen.

Der schlesische Dichter und Mystiker Angelus Silesius hat ein schönes und zeitlos gültiges Gedicht über die Rastlosigkeit geschrieben:

„Nichts ist, das dich bewegt,/Du selber bist das Rad,/Das aus sich selber lauft/Und keine Ruhe hat."

Angelus Silesius beschreibt diese Unruhe, aber er widerspricht der heute üblichen Selbstwahrnehmung. Er schaut tiefer. Und er nennt einen anderen, den wahren Grund. Wir selber sind die Ursache unserer Unruhe. In uns ist ein rastloses Herz, das wie ein gut geöltes Rad immer weiter läuft. Die Frage ist, wie wir diese Rastlosigkeit überwinden können. Um im Bild von Angelus Silesius zu bleiben: Wir müssen vom äußeren Rand des Rades nach innen gehen zum Mittelpunkt, zur Nabe. Dort, in der scheinbaren Mitte der Bewegung, ist es in Wirklichkeit ruhig. Wenn wir in unserer Mitte sind, geht das Leben außen schnell an uns vorüber. Aber unser Herz ist nicht unruhig. Es ruht in sich. Es ruht in Gott. Und dann kann das äußere Leben uns nicht aus der Mitte heraus reißen. So ist es wichtig, sich immer wieder in der äußeren Unruhe und Rastlosigkeit vorzustellen, dass mein Geist in den Grund der Seele gelangt, in die eigene Mitte. Von dort her beobachten wir die Unruhe. Aber wir sind jetzt im Innersten nicht mehr unruhig, sondern voller Ruhe.

# Wenn alles an mir zerrt

Meine Zeit ist zerrissen von zu vielen Ansprüchen – das erfahren viele und fragen sich: Wie kann ich sie sinnvoll gestalten? Die Antwort kann nur lauten: Es kommt darauf an, wie ich meine Zeit verstehe. Wenn ich sie vor allem als Anhäufung von Terminen sehe, dann erfahre ich sie als zerrissen. Die Griechen haben für dieses Zeitverständnis das Wort „chronos" gebraucht. Wir sprechen heute noch vom „Chronometer", vom Zeitmesser. Hier geht es um die Minuten und Sekunden, die gefüllt sind von irgendwelchen Ansprüchen und Erwartungen, die ich zu erfüllen habe. Chronos war für die Griechen der Urgott, der seine Kinder fraß. Wenn wir heute davon sprechen, dass die Zeit uns auffrisst, dass wir Sklaven der Zeit werden, von Termin zu Termin gehetzt werden, dann schwingt dieses Verständnis mit. Und noch heute empfinden wir es dramatisch: Die Zeit zerrinnt uns unter den Händen und reicht nie aus, all das zu tun, was wir tun sollten.

Die Griechen kennen aber noch ein anderes Wort für Zeit: „kairos". Das ist die gute, die angenehme Zeit, der Augenblick, in dem ich ganz da bin. Diese Zeit gehört mir. Ich bin ganz in der Zeit. Ich genieße den Augenblick. Ich bin gerade in dem, was ich tue, ohne auf die Uhr zu schauen und zu fragen, was mich in der nächsten Minute erwartet. Wer seine Zeit so wahrnimmt und erlebt, der fühlt sich nicht zerrissen. Wenn ich so lebe, dann genieße ich die Zeit. Und auch wenn ich viel zu tun habe, bin ich nicht gehetzt. Ich tue eins nach dem andern. Aber jetzt, in diesem Augenblick, bin ich gerade mit dem beschäftigt, was ich jetzt tue. Und das tue ich ganz.

# Vorbeigerannt

Man sagt nicht umsonst: Ein Unglück „ereilt" uns. Der Eilige rennt am Glück vorbei. Er ist unfähig, es wahrzunehmen. Erst wenn wir müde werden und uns selbst spüren, können wir das Glück spüren. Wir müssen nicht nach ihm laufen. Es kommt selbst zu uns. Es gibt durchaus eine gute Form von Müdigkeit. Wenn ich für Gott und für die Menschen gearbeitet habe, dann fühle ich mich müde. Aber in dieser Müdigkeit bin ich dankbar für mein Leben. In dieser Dankbarkeit für das, was durch mich gewachsen ist, erfahre ich Glück. Je schneller ich hinter dem Glück herlaufe, desto sicherer werde ich es verfehlen. Nur im Innehalten ist das Glück erfahrbar.

# Alles. Gleichzeitig. Und sofort!

Es gibt Menschen, die nicht bei einer Sache bleiben können und alles gleichzeitig tun müssen. Sie hören Musik und lesen dabei. Oder sie essen und sehen gleichzeitig fern. Sie reisen und telefonieren dabei. Sie sind irgendwo und doch eigentlich nirgends. Sie sind nie dort, wo sie sich gerade bewegen. Auch die freie Zeit füllen sie mit rastlosen Aktivitäten aus. Sie stopfen ohne Maß in ihre Zeit vieles hinein, was sie gar nicht verdauen können. Sie wollen die Zeit überlisten, indem sie immer mehr tun und jede Minute ausnutzen. Doch irgendwann wird, wer so handelt, unfähig, die Zeit überhaupt noch wahrzunehmen und zu genießen. So etwas macht uns weder letztlich zufrieden, noch tut es uns gut. Häufig macht es uns sogar krank, wenn wir die Balance nicht mehr finden. Man könnte das als eine Krankheit der modernen Zeit se-

hen, die versucht, die Grenzen aufzulösen, die uns durch die Natur vorgegeben sind.
Multitasking ist ein modernes Schlagwort. Und „Tempo, Tempo!" eine aktuelle Forderung. Aber wenn die Forderung lautet: Alles gleichzeitig, alles sofort und jederzeit und auch noch möglichst schnell, dann ist das nicht die Devise für wahres Glück.

# Vollgepfropft und zugestopft

Manche bekommen Angst, wenn sie sich bewusst machen, dass sie nur einmal leben. Sie stopfen alles ins Leben hinein, was schnellen Genuss verspricht. Für sie ist auch das Älterwerden eine Katastrophe. Denn im Alter könnte ja alles zu spät sein. Aber auf diese Weise werden sie unfähig, ihr Leben in jedem Moment ihres Daseins wirklich zu genießen. Sie starren auf das zu kurze Leben und meinen, sie müssten alle ihre Sehnsüchte vom Leben auch ausleben. Doch das schaffen sie nie. Weil Sehnsucht keine Grenze kennt, werden sie immer hektischer und zugleich unzufriedener.

## Wer hetzt, der hasst sich selbst

„Nimm dir Zeit – und nicht das Leben!" Das war einmal das Motto der Verkehrswacht. Wer sich keine Zeit nimmt, der verdirbt sich das Leben und oft genug bezahlt er seine Ruhelosigkeit und Hetze mit dem Leben. Wer hetzt, der hasst sich selbst. Er lebt gegen sich. Ein Leben mit Hast und Hetze führt häufig zu Schlaganfall und Herzinfarkt. Das, was man mit der Hetze alles erreichen wollte, wird einem dann jählings aus der Hand gerissen. Wer sich dagegen Zeit nimmt, der hat mehr Zeit für das, was er im Leben verwirklichen möchte. Er wird ruhig an sein Ziel kommen. Er erlebt schon seine Lebensfahrt als Vergnügen und braucht sich nicht nach einer anstrengenden Fahrt zu erholen. Er holt sich in jedem Augenblick das, was er zum Leben braucht. Das Leben vollzieht sich in der Zeit. Und nur wer sich auf seinen ihm angemessenen Zeitrhythmus einlässt, schwingt in das Leben ein, das für ihn stimmt.

## Wer weise ist

„Der Weise kennt keine Hast. Und wer hastet, ist nicht weise", das sagt ein asiatisches Sprichwort. „Hast" – so sagt uns der Duden – meine die durch innere Erregung oder Unruhe ausgelöste Eile und Ungeduld. Und „Hetze" hat sprachlich die gleiche Wurzel wie „Hass". Hetzen meint: jemanden jagen und antreiben, zur Eile antreiben und Zwietracht säen, jemanden aufwiegeln. Beide Worte, Hast und Hetze, hängen also mit dem Hass zusammen. Und Hass ist nicht das Zeichen eines weisen Menschen, sondern eines törichten Menschen. Weise sein heißt im Lateinischen „sapiens". Das kommt von „sapere", schmecken. Weise ist einer, der sich schmecken kann. Der Hastige kann sich selbst nicht aushalten. Er ist ungeduldig, weil er nicht bei sich selbst sein kann.

## Wer hetzt mich denn?

Es ist gut, wenn wir bei uns selber eine gewisse Hast oder Hetze wahrnehmen, innezuhalten und uns zu fragen: Warum haste ich jetzt so? Was hetzt mich? Wovor laufe ich davon? Muss ich mich in die Arbeit hetzen, weil ich mich selbst und das Leben nicht genießen kann? Wir sind nicht von Hause aus weise. Aber wir können weise werden, wenn wir unsere Hast und Hetze wahrnehmen und die inneren Gründe erkennen. Dann können wir mitten in der Hast innewerden, mit uns selbst in Berührung kommen und einfach da sein. Dann legt sich die Hast. Und die Hast wandelt sich. Statt uns zu hassen, beginnen wir, uns zu lieben, in Einklang zu kommen mit uns selbst, bei uns zu sein, weil wir gerne bei uns wohnen. So lädt uns die Hast, die wir bei uns immer wieder wahrnehmen, dazu ein, weise zu werden und die Hast und Hetze zu lassen.

# Nicht fliehen

Im Urlaub geht es darum, sich zu erholen. Aber nicht jeder, der Urlaub macht, erholt sich. Das deutsche Wort meint, dass ich mir hole, was ich brauche und was mir genommen wurde, wenn ich nur für andere da war. Viele sind heute unfähig, sich zu erholen. Denn die Voraussetzung der Erholung ist, dass ich mir etwas gönne und dass ich mich selber gerne habe. Viele können heute keinen Urlaub machen, weil sie sich nicht gern haben, weil sie sich selbst nicht lieben. Für sie ist der Urlaub ein einziger Stress. Sie müssen viel erleben, weil sie nicht fähig sind, wirklich zu leben, weil sie nicht bei sich sind. Sie können nicht im Augenblick leben. Doch die Fähigkeit zu leben, hat mit der Fähigkeit zu tun, ganz im Augenblick zu sein, ganz bei mir und in mir zu sein. Viele sind im Urlaub auf der Flucht vor sich selbst. Sie lieben sich nicht, sondern sie hassen sich. Deshalb sind sie auch im Urlaub gehetzt. Sie hetzen von einem Ort zum andern, um vor sich selbst davon zu laufen. Erholen heißt, dass ich mich selbst herbei hole, dass ich ganz im Augenblick bin. Ohne diese Fähigkeit nützt der teuerste Urlaub nichts.

# Entgiftung

Gerade in einer Zeit, in der der Druck immer mehr zunimmt und die Beschleunigung immer stärker wird, sollte man sich das immer wieder vor Augen halten: Schnelligkeit ist kein Wert an sich.

Manches braucht einfach seine Zeit. Hektik und übergroße Eile sind Gift für manche wichtigen Dinge im Leben. Dann müssen wir die Fähigkeit haben zu warten, bis es an der Zeit ist. Das gilt für die Entwicklung von Kindern genauso wie für Freundschaft zwischen Menschen oder für die Liebe zwischen Mann und Frau. Es gilt aber auch für anstehende Entscheidungen und andere wichtige Schritte in unserem Leben. Wir müssen manchmal warten.

# Zeit – ist nicht Geld

Zeit ist Geld. Das ist heute die allgemeine Devise. Arbeit wird dementsprechend nach Minutentakt eingeteilt. In die kurze Arbeitszeit wird alles hineingepackt, damit sie möglichst effektiv wird. Doch mit der gewonnenen Zeit können die meisten Menschen nichts anfangen. Sie können die „freie" Zeit nicht genießen. Es muss auch in der Freizeit etwas los sein. Man muss die Zeit nützen. Doch wenn man beobachtet, womit, so merkt man, dass es entweder andere Tätigkeiten sind oder aber Vergnügen. Doch bei den vielen Aktivitäten kommt oft nichts heraus. Und die Vergnügen verhelfen nicht wirklich zur Ruhe. Auch in der Freizeit findet der Mensch keine Ruhe. Er lenkt sich nur ab. Er läuft vor der eigenen Wahrheit davon.

Ruhe findet nur, wer sich seiner inneren Wirklichkeit stellt und sie bejaht, wie sie ist. Wer

Zeit wirklich gewinnen will, muss keine Zeitstrategien entwickeln, wie es im heutigen Management üblich ist. Derjenige gewinnt vielmehr am meisten Zeit, der in jedem Augenblick ganz präsent ist. Für den gibt es keine verlorene Zeit. Für den ist jede Zeit erfüllte Zeit. Ganz gleich, ob er arbeitet oder nichts tut, ob er liest oder Musik hört, ob er spazieren geht oder mit seinen Kindern spielt, er ist ganz in dem, was er tut. Für ihn ist alles geschenkte Zeit. Er muss die Freizeit nicht der Arbeitszeit abzwingen, für ihn ist jede Zeit freie Zeit: Zeit zu leben.

# Mein Schutzzaun

Heute meinen wir, die Freizeit würde uns gehören. Aber in Wirklichkeit sind wir oft Sklaven unserer Freizeit geworden. Weil wir mit der freien Zeit nichts anzufangen wissen, müssen wir sie mit Freizeitaktivitäten zustopfen. Die freie Zeit wird zur Arbeitszeit unter anderen Vorzeichen. Wir sind dann genauso aktiv, nur ist es unsere eigene Aktivität, die wir selbst gewählt haben. Mit Muße hat das nichts zu tun. Die Römer sprachen vom „otium", von der Muße. Für sie ist Muße etwas Besonderes: eine heilige Zeit, die ihnen gehört, die sie genießen. Die heilige Zeit ist die Zeit, die ganz mir gehört. Sie kann von niemandem gestört werden. In dieser heiligen Zeit bin ich ganz bei mir. Da bin ich in Berührung mit mir selbst, mit dem heilen und heiligen Raum in mir.

Jeder braucht in seinem Leben solche Zonen, die ihm heilig sind und die der Verfügung der anderen entzogen sind. Diese Zonen müssen wir schützen. Sie schaffen einen heiligen Raum, der von ständigen entfremdenden Anforderungen, die auf uns einstürmen, befreit ist. Sie schützen für mich einen Wert, den ich mir von keinen anderen Werten streitig machen lasse. In dieser heiligen Zeit vermag ich aufzuatmen, da komme ich in Berührung mit mir selbst, und da bin ich in Berührung mit Gott. Da spüre ich, wie ich heil und ganz werde. Die heilige Zeit tut mir gut. Sie heilt meine Wunden. Sie klärt in mir, was sich an Trübem angesammelt hat.

Sie hat eine heilende Wirkung, weil wirtschaftliche Interessen hier nicht die Oberhand haben und niemand über uns bestimmen darf. Hier dürfen wir tun, was unserer Seele und unserem Leib gut tut. Von dieser heiligen Zeit her kann ich mich wieder neu auf die Zeit einlassen, die durch die Herausforderungen von außen geprägt ist.

# Bis der Körper streikt

Wer ständig im Galopp reitet, d. h. wer es immer nur eilig hat, der – so sagt ein englisches Sprichwort – fährt im Trab, also ganz gemächlich, zum Teufel. Wir können nicht ständig Gas geben und mit äußerster Kraftanstrengung leben. Da kommen wir in Teufels Küche, wie das deutsche Sprichwort sagt. Heute leiden viele an Burnout: Alles muss für sie schnell gehen. Sie stehen immer unter Druck. Sie schlagen auf sich selbst ein, damit sie noch mehr leisten, noch schneller arbeiten. Doch auch ein Pferd braucht Ruhe. Es wird bald zu Tode geritten sein, wenn es immer im Galopp reiten muss. Jeder gute Reiter weiß das. Mit unserem Leib und unserer Seele gehen wir nicht so behutsam um. Ein Pferd wird sich wehren. Unser Leib wehrt sich durch Krankheiten. Aber auch dann schlagen wir auch noch auf den Leib ein. Wir nehmen starke Medikamente, um das Tempo zu halten.

Doch irgendwann streikt der Körper. Oder aber die Seele signalisiert uns, dass es so nicht weitergeht. Sie wird in eine Erschöpfungsdepression fallen. Das ist dann gleichsam: zum Teufel fahren. Da geht dann nichts mehr. Wir haben keinen Antrieb mehr. Und es braucht oft eine lange Zeit der Therapie, um wieder in unsere Kraft zu kommen. Wenn wir die Kraft immer maßvoll eingesetzt hätten, hätten wir mehr erreicht. Denn die Auszeit, die die Depression erzwingt, lässt uns weit zurückhängen hinter dem, der auf seinem Pferd im guten Rhythmus reitet.

## Die Leere und die Fülle

Gegenüber der Ungeduld, die heute weit verbreitet ist und uns daran hindert, warten zu können, singt Ulla Hahn ein Loblied auf die Wartenden. Sie preist die Wartenden selig: „Selig sind die Wartenden./An ihnen saust/Der Erdball vorüber./Das schärfste Stück Welt/Löst ihren Blick nicht/Aus der verheißenen Richtung."

Die Wartenden sind auf ein Ziel ausgerichtet. All das Nebensächliche saust an ihnen vorbei. Sie lassen sich nicht aus der Ruhe bringen. Sie lassen sich nicht von ihrem Warten abhalten, auch nicht durch Gefahren von außen. Sie wissen, was sie wollen. Sie warten auf das, was ihre tiefste Sehnsucht erfüllt. Das Warten – so meint David Runcorn – „trennt vorübergehende Leidenschaften von echten Sehnsüchten". Es zeigt uns, worauf es sich lohnt zu warten. Es öffnet unseren Blick für die tiefe Sehnsucht, die auf dem Grund unseres Herzens verborgen ist. Wenn wir mit dieser Sehnsucht in Berührung kommen, dann weitet sich unser Herz und wir spüren jetzt schon im Warten die Fülle des Lebens. Warten ist nicht einfach Leere, sondern eine Leere, die sich füllt mit allem, wonach wir uns sehnen.

# Langeweile – eine Einladung

Langeweile empfindet nur, wer nicht mit sich in Berührung ist. Er erwartet seine Lebendigkeit von dem, was ihm in der Zeit begegnet. Er ist von äußeren Ereignissen abhängig. Wenn sich nichts Spektakuläres ereignet, dann erlebt er die Zeit als langweilig. Letztlich fühlt er sich selbst langweilig. Er fühlt sich selbst ohne Leben. So ist er unfähig, die Zeit mit Leben zu erfüllen.

Jeder von uns wird Momente der Langeweile erleben. Wir sollten uns darüber nicht wundern, sondern die Erfahrung der Langeweile als Herausforderung verstehen, über uns und unsere Lebendigkeit nachzudenken. Wie erlebe ich mich denn selber? Fühle ich mich nur lebendig, wenn möglichst viel „los" ist, wenn ständig etwas Interessantes geschieht? Oder fühle ich das Leben auch in mir? Die Langeweile ist eine Einladung, jetzt im Augenblick zu sein, mich zu spüren, das Sein um mich herum zu spüren, die Zeit wahrzunehmen als Geheimnis. Dann wird die Langeweile zu einer guten Weile, in der ich gerne verweile, weil in diesem Augenblick schon alles da ist, was ich zum Leben brauche.

# Müdigkeit – eine Chance

Die Zeit frisst Sie auf? Sie zerrinnt Ihnen zwischen den Fingern? Sie bestimmt Sie, hat Sie in der Hand? Was tun, wenn Sie nur eine große Müdigkeit empfinden? Damit Sie die Zeit als „kairos", als angenehme und geschenkte Zeit erfahren, brauchen Sie einmal einen guten Rhythmus, zum andern eine andere innere Einstellung zur Zeit. Wenn Sie Ihre Zeit rhythmisieren, wenn Sie dabei Ihrem eigenen Biorhythmus folgen, dann werden Sie nicht so leicht müde. C. G. Jung meint, die rhythmisierte Zeit würde im Menschen Energie hervorrufen. Die Müdigkeit ist oft ein innerer Widerstand gegen einen Rhythmus, der dem eigenen nicht entspricht. Ein guter Weg, die Zeit zu rhythmisieren, geht über die Rituale. Rituale schaffen eine heilige Zeit. Heilig ist das, was der Welt entzogen ist. Die heilige Zeit gehört Ihnen und Gott. Darüber kann und darf niemand verfügen.

# Freund oder Feind

Gerade im Arbeitsleben spüren wir es: Wir können uns nicht aussuchen, was wir täglich zu arbeiten haben. Vieles ist uns vorgegeben und nimmt unsere Zeit in Anspruch. Es ist uns in den seltensten Fällen vergönnt, über unsere Zeit frei zu verfügen. Wir müssen uns auf das einlassen, was uns jeder Tag an Anforderungen stellt. Aber es kommt darauf an, wie ich mich auf die Zeit einlasse und mich auf das einstelle, was da auf mich zukommt. Ich kann die Zeit als Gegner ansehen. Dann werde ich ständig mit meiner Zeit kämpfen. Ich werde sie möglichst gut ausnutzen und ich werde versuchen, die Arbeitszeit möglichst schnell hinter mich zu bringen, um mehr Zeit für mich zu haben. Aber auch wenn ich dann Zeit für mich habe, werde ich sie wieder mit vielen neuen Aktivitäten zustopfen.

## Nie zu spät

Wir kommen aus der Vergangenheit. Wir schleppen die Verletzungen unserer Lebensgeschichte mit uns herum. Wir haben in der Vergangenheit Schuld auf uns geladen. Aber wir sollen nicht um die Vergangenheit kreisen. Jeder Augenblick lädt uns ein, neu anzufangen. Es ist nie zu spät für einen Neubeginn. In jedem Augenblick liegt der Zauber der Neuheit. Die Zeit, die jetzt anfängt, ist unverbraucht. Von dieser unberührten, unverfälschten, unverbrauchten Zeit sollen wir lernen: Auch unsere Seele kann jetzt neu anfangen. Sie kann neu werden durch den immer neuen Gott.

# Komm zur Mitte

Es gibt ein Ritual, das man mitten im Trubel des Alltags machen kann, entweder im Büro, wenn man das Gefühl hat, dass zu viel auf einen einströmt, oder im Auto, wenn einen der Verkehr umtost, oder beim Warten auf den Bus oder auch beim Kochen und bei der Hausarbeit:

Bleibe für einen Augenblick stehen und gehe vom Kopf durch das Herz in den Grund deiner Seele. Du kannst diesen Grund der Seele nicht im Körper lokalisieren. Aber stelle dir einfach vor, du gehst mit deiner Aufmerksamkeit in den Unterbauch, dort, wo der Atem beim Ausatmen stehen bleibt. Stelle dir vor, dass dort in der Tiefe alles in dir ruhig ist. Und dann beobachte von dieser inneren Ruhe aus alles, was sich außen bewegt: die Anrufe, die Wünsche der Mitarbeiter, die vielen Mails, die auf dich warten, die Fragen der Kinder.

Halte kurz inne. Und dann wende dich von deiner Mitte aus von neuem den Tätigkeiten zu, mit denen du gerade beschäftigt bist. Du wirst sehen, dass du sie anders vollziehen kannst. Du bist nicht mehr im Hamsterrad, sondern in deiner Mitte. Das Drehen des Rades bringt dich nicht aus deiner Ruhe. Alle Bewegung entsteht aus der Ruhe.

# Hinein ins wahre Leben

Spüre deiner Sehnsucht nach. Dann wirst du entdecken: Sehnsucht ist keine Flucht vor dem Leben. Sehnsucht ist intensiveres Leben. Sie ist nichts, was dich vertröstet. Sie führt dich mitten ins wahre Leben. Hier und jetzt.

Lass sie nicht zudröhnen vom Lärm des Alltags. Lass sie nicht zuschütten von der Banalität des Konsums. Lass dich nicht vertrösten von leeren Versprechungen. Spüre in dir selber die Höhen und Tiefen deines Lebens. Mach dich auf und folge dem, was deine Sehnsucht dir zeigt: die Spur des unbegreiflichen Geheimnisses deines Lebens.

# Bis alles reif ist

Der Zeitphilosoph Karlheinz Geißler meint: "Nur wer warten kann, kann auch etwas erwarten." Wer nichts mehr zu erwarten hat, dessen Leben wird eintönig und leer. Das Erwarten ist wie eine Verheißung für unser Leben. Wir erwarten einen Besuch. Wir erwarten, dass alles besser wird. Wir erwarten, dass unsere Wünsche und Sehnsüchte erfüllt werden. Doch heute tun sich die Menschen schwer, auf etwas zu warten. Sie möchten alles sofort haben. Ein toskanisches Sprichwort sagt diesen Ungeduldigen: "Du kannst noch so oft an der Olive zupfen, sie wird deshalb nicht früher reif." Prozesse des Reifens brauchen ihre Zeit. Wir müssen warten können, bis in uns etwas heranreift, bis Vertrauen wächst, bis das, wonach wir uns sehnen, in uns Wirklichkeit wird, und bis die Zeit reif ist, eine Entscheidung zu fällen.

# Nicht nur gackern, sondern brüten

Friedrich Nietzsche hat schon über die gelästert, die keine Geduld haben. Offensichtlich war schon damals die Tugend der Geduld selten: „Alles gackert, aber wer will noch still auf dem Neste sitzen und Eier brüten." Alle geben sich wichtig. Viele verbreiten Hektik, um zu beweisen, wie wichtig sie sind. Sie gackern wie die Hühner. Aber kaum noch einer bringt die Geduld auf, Eier zu brüten. Ohne „brüten" aber gibt es kein neues Leben. Nietzsche weiß, dass die Geduld die Tugend ist, die neues Leben ausbrütet. Es braucht Zeit, bis das Leben sich entfalten kann. Wir können es nicht beschleunigen. Die Geduld lässt es aufblühen. Wenn wir Geduld aufbringen, erleben wir die Zeit anders. Wir schauen nicht unruhig auf die Uhr. Wir lassen uns nicht drängeln. Wir nehmen die Zeit als „Ausbrüten" dessen, was in der Tiefe unseres Herzens geboren werden möchte.

# Innenschau

Dass die Beschleunigung in allen Bereichen zunimmt, in der Arbeit, in der Gesellschaft, in der Familie, in der Schule, darüber klagen heute viele. Sie fühlen sich überfordert von dem „Immer schneller". Das Tempo wird immer mehr hochgeschraubt. Doch es gibt einen Ausweg. Der Prophet Jesaja zeigt ihn uns: „Wer vertraut, wird nichts beschleunigen wollen." (Vgl. Jes 28,16) Wenn ich Vertrauen habe, dann werde ich die Dinge, die zu erledigen sind, langsam angehen. Beschleunigen – so meint der Prophet – hat damit zu tun, dass ich zu wenig Vertrauen habe. Weil ich Angst habe, zu kurz zu kommen, den Erwartungen anderer oder den eigenen inneren Ansprüchen nicht gerecht zu werden, muss ich immer schneller arbeiten und immer hektischer die Aufgaben erfüllen. Wer beschleunigt, ist nicht bei sich und in seiner Mitte. Weil er Angst hat, nicht mithalten zu können mit dem Tempo der andern, ist er auf sie fixiert. Stattdessen sollte ich nach innen schauen. Dort in meinem Herzen ist schon Vertrauen. Wenn ich diesem Vertrauen auf dem Grund meiner Seele traue, werde ich von alleine ruhiger auf die Aufgaben zugehen. Aber ich werde sie letztlich schneller erledigen, ohne in Hektik zu geraten. Denn in der Ruhe liegt die Kraft. Wenn ich vertraue, strömt es aus mir heraus. Und ich habe es nicht nötig, mich selber anzutreiben.

# Eine Säule, die trägt

Die Bibel spricht von „hypomone", wenn sie Geduld meint. Dem Wortsinn nach heißt das: drunter bleiben. Die Griechen denken dabei an eine Säule, die etwas trägt. Geduld ist nötig, damit das Haus Bestand hat, dass mein Lebenshaus nicht einstürzt. Paulus schreibt an die Römer: „Bedrängnis bewirkt Geduld, Geduld aber Bewährung, Bewährung Hoffnung. Die Hoffnung aber lässt nicht zugrund gehen." (Röm 5,4f.) Ob wir wollen oder nicht, das Leben bedrängt uns oft genug. Die Frage ist, ob wir davonlaufen oder ob wir standhalten. Die Geduld ist die Tugend, standzuhalten. Wer standhält – so glaubt Paulus – der bewährt sich und er bekommt neue Hoffnung. Er gibt nicht auf. Er kann warten, dass sich alles zum Besseren wendet. Es ist kein passives Warten, sondern die Bereitschaft, in Geduld immer wieder zu versuchen, das zu tun, was uns ans Ziel bringt.

# Leben wohnt im Herzen

In dem Roman „Momo" von Michael Ende sagt die Hauptfigur: „Zeit ist Leben. Und das Leben wohnt im Herzen. Und je mehr die Menschen daran sparten, umso weniger hatten sie." Ein weiser Satz, in dem viel Wahrheit steckt:

Zunächst scheint es paradox zu sein: Je mehr Zeit ich spare, desto mehr müsste ich doch eigentlich haben. Aber Zeit ist etwas Fließendes. Sie ist Leben. Leben lässt sich nicht festhalten. Leben will gelebt werden. Das ungelebte Leben fehlt uns am Leben. Die ungelebte Zeit raubt uns die Zeit, die Gott uns schenkt. Wer die Zeit nur sparen will, damit er möglichst viel Zeit hat, kann die Zeit, die er erlebt, gar nicht genießen. Er nimmt den Augenblick nicht wahr. Er lebt immer in der Angst, er hätte nicht genügend Zeit zur Verfügung. Aber er weiß gar nicht, wofür er die Zeit braucht. Er glaubt vielleicht, er müsse sie für alle möglichen Termine nutzen. Aber das sind oft genug fremdbestimmte Termine, die ihm die Zeit genauso rauben. Das muss nicht so sein.

Leben wohnt im Herzen: Ich kann auch einen Termin, der von außen auf mich wartet, als meine Zeit erleben, wenn ich ihn wirklich erlebe, wenn ich mich darauf einlasse. Dann wird der fremdbestimmte Termin doch zu meiner Zeit, zu der Zeit, die mir gehört, und zu der Zeit, die ich selber lebe. Der Termin wird mir nicht an meiner Zeit fehlen. Er wird zu meiner Zeit. Ich gehe mit dem Herzen dorthin. Und mit dem Herzen erlebte Zeit ist immer kostbare Zeit. Sie ist Zeit, die nicht vergeht, sondern die als geschenkte Zeit erlebt wird. Erleben wir die Zeit mit dem Herzen, dann wird die Zeit zum Leben. Am Leben aber darf man nicht sparen. Sonst sitzen wir am Ende auf lauter ungelebtem Leben und trauern dem Leben nach, das an uns vorbeigegangen ist, das wir für immer verpasst haben.

# 2. Langsam tut der Seele gut

# Betriebsblind und verrannt

„Wären wir ruhiger, langsamer, so ginge es uns besser, ginge es schneller mit unseren Angelegenheiten voran." Robert Walser hat die Krankhaftigkeit unserer Alltagswelt scharfsinnig beobachtet: Je hektischer wir etwas angehen, desto langsamer finden wir die Lösung. Um ein Problem wirklich lösen zu können, braucht es inneren Abstand. Nur wer in sich ruht, ist kreativ genug, um etwas Neues in Gang zu bringen. Wer hektisch nur um die Probleme kreist, der wird betriebsblind. Vor lauter Kreisen verrennt er sich und sieht keinen Ausgang. Wer sich dagegen in aller Gelassenheit zurücklehnt und von einem inneren Abstand her die Dinge betrachtet, der kann wirksamer eingreifen. Wir wollen alles immer schneller machen. Und müssen doch immer wieder lernen: Wir brauchen innere Ruhe, um von unserer kreativen Mitte aus die Dinge gelassen anzugehen.

# Entschleunigung der Zeit

Zeitphilosophen raten uns, in einer Zeit immer größerer Beschleunigung die Zeit zu entschleunigen, sie zu verlangsamen. Allerdings wird uns dieser Rat bei unserer Arbeit in der Firma nur wenig nützen. Denn wenn wir langsamer arbeiten, werden wir unseren Job bald verlieren. Trotzdem ist es ein guter Rat. Wir brauchen Zeiten, in denen wir schnell und effektiv arbeiten. Aber wir brauchen auch langsame Zeiten, Zeiten, in denen wir uns nicht unter Druck setzen, in denen wir den Augenblick genießen können. Eine Hilfe kann sein, manche Wege bewusst langsam zu gehen. Das kann während der Arbeit geschehen, dass ich von meinem Büro zu einem anderen bewusst langsam gehe. Oder ich kann in der Pause oder in der Freizeit bewusst die Langsamkeit der Bewegungen genießen. Die Langsamkeit bringt mich in den Augenblick zurück. Ich genieße jetzt diesen Augenblick, diese langsame Bewegung. Wir Mönche verlangsamen immer wieder unsere Zeit, wenn wir fünfmal am Tag gemeinsam zum Chorgebet gehen. Beim Einzug schreiten wir bewusst langsam in die Kirche. Und im Singen nehmen wir uns die Zeit, die ein gutes Singen braucht. Diese Langsamkeit tut unserer Seele gut.

# Zu schnell gerannt

Die Natur zeigt uns, dass das Wachsen Langsamkeit braucht. Alles Große, das wachsen will, braucht Zeit. Der Prophet Jesaja hat die Erfahrung gemacht: „Wer vertraut, wird nichts beschleunigen wollen." (Jes 28,16) Wir arbeiten schnell und effektiv, wenn wir dem natürlichen Lauf der Dinge Raum geben. Doch wenn wir alles beschleunigen wollen, dann erzeugen wir so viele Widerstände, dass es letztlich doch langsamer geht. Dieses Beschleunigenwollen hat für Jesaja mit Misstrauen und Angst zu tun. Wer alles schneller machen möchte, der ist letztlich getrieben von der Angst. Doch die Angst ist kein guter Ratgeber. Die innere Freiheit schenkt uns das Gleichgewicht zwischen Langsamkeit und Schnelligkeit.

## Bewusst langsam

Es gibt die schnelle und die langsame Zeit. Wenn ich arbeite, soll die Arbeit schnell von der Hand gehen. Das ist Zeichen für eine gesunde Spiritualität, in der ich innerlich nicht gebremst werde durch irgendwelche inneren Blockaden. Und es gibt die langsame Zeit, in der ich bewusst die Zeit verlangsame. Ich gehe bewusst langsam spazieren. Dann gehört jeder Schritt mir. Ich lasse mir Zeit zum Lesen, zum Musikhören, zum Gespräch. Wenn ich lese, lese ich. Wenn ich Musik höre, höre ich Musik. Und wenn ich mit jemandem spreche, ist nichts da, was mich von meinem Gegenüber ablenkt. Da schaue ich nicht auf die Uhr. Da genieße ich die Zeit. Es ist keine verlorene Zeit, sondern geschenkte Zeit. Ich lasse mich ein auf den Augenblick, nehme ihn mit allen Sinnen auf und genieße die Langsamkeit der Zeit, in der etwas Neues in mir reifen kann.

# Intensiv und gut

„Die meisten Menschen hasten so sehr nach Genuss, dass sie an ihm vorbeirennen", diagnostiziert Søren Kierkegaard und beschreibt so die Beschleunigung, die ins Leere führt. Es gibt eine Schnelligkeit, die uns am guten Leben hindert. In ihr verlieren wir die Fähigkeit, im Augenblick zu sein und das zu genießen, was wir gerade erleben. In Kursen übe ich mit den Teilnehmern manchmal bewusst die Langsamkeit ein. Ich lasse die Menschen in der Gebärde der Schale ganz langsam durch den Raum gehen. Sie sollen sich vorstellen, dass sie in ihrer Schale etwas Kostbares tragen, das sie nicht verschütten möchten. Und so gehen sie langsam vor sich her und erleben erst das Geheimnis, ganz im Augenblick. Diese einfache Übung wird für viele zu einer Erfahrung der reinen Gegenwart. Und wenn sie ganz im Augenblick sind, erleben sie das Leben in seiner ganzen Intensität. Sie erleben, dass ihr Leben gut ist.

# Lernt von der Schnecke

„Die Entdeckung der Langsamkeit" von Sten Nadolny ist binnen kurzer Zeit zum Kultbuch geworden. Gegenüber einer immer größeren Beschleunigung setzt er auf die Langsamkeit als Gegenkraft. Der langsame Mensch – so glaubt man – hat mehr vom Leben. Und so sieht es auch Günter Grass, wenn er schreibt: „Werdet gesättigt, nicht satt. Lernt von der Schnecke, nehmt Zeit mit." Wer die Langsamkeit übt, der erfährt die Zeit nicht als Gegner, den er möglichst gut beherrschen muss, indem er sie gut managt. Er erlebt die Zeit als Geschenk. Er kann sie genießen. Aber wer die Langsamkeit absolut setzt, wird nicht mehr mitkommen mit der Zeit. Und wird seinen Arbeitsplatz verlieren. Schließlich braucht es beides: die Langsamkeit – die Verlangsamung der Zeit etwa in der Stille, in der Meditation, in der Liturgie, im persönlichen Umgang miteinander – und zugleich die Zeit, in der die

Arbeit schnell geschieht, in der sie einfach aus mir herausströmt, rasch und effektiv. Die Spannung zwischen der langsam und der schnell vergehenden Zeit hält uns lebendig und im inneren Gleichgewicht. Wenn wir einen Pol absolut setzen, geraten wir entweder unter ständigen Zeitdruck (bei der Beschleunigung), oder wir verlieren die innere Spannung (bei der Verlangsamung).

# Glück ist wie ein See

Mit der Zeit gut umzugehen, ist eine Kunst, die gelernt werden kann. Es ist aber ein Weg zum Glück. Wir erreichen das Glück nicht, indem wir ihm hinterherrennen. Wir erreichen es nicht durch Unruhe und Hektik, sondern indem wir innehalten, in unserem Herzen ruhig werden und es als Geschenk wahrnehmen, das Gott in unser Herz gelegt hat. Glück ist wie ein See: Nur wenn er ganz ruhig ist, spiegelt sich in ihm die Schönheit der Welt. Und wenn wir still stehen, spiegelt sich in uns die Herrlichkeit, die uns umgibt.

# Das ist der Himmel

Du kannst dich finden – und den Himmel.
Als ein Einsiedler einmal danach gefragt wurde, was das Besondere seiner Erfahrung sei, nahm er einen Stein, warf ihn ins Wasser und sagte:
„Schau in den Brunnen. Was siehst du?"
„Wasser, das sich bewegt."
Nach einer Zeit, als das Wasser ruhig geworden war:
„Was siehst du jetzt?"
„Jetzt sehe ich mich selber. Ich kann mein Gesicht erkennen. Und auch der blaue Himmel spiegelt sich."
„Siehst du", sagte der Einsiedler. „Das ist der Himmel: die Erfahrung der Ruhe und Einsamkeit."

# Ein Segen für die anderen

Wert sind heute die Dinge etwas, die schnell gehen und schnell Ertrag bringen. Die Welt im Ganzen wird immer schneller. Jung sein wird meist gleichgesetzt mit schnell sein, es heißt flexibel und mobil sein. Wenn wir aber Jungsein mit Schnellsein gleichsetzen, dann soll der ältere Mensch nicht jung bleiben. Dann soll er lieber seine kindliche Seele bewahren. Auch das Kind ist langsam. Es genießt die Langsamkeit. Wenn die Eltern es anspornen, sich schneller anzuziehen, genießt es das Kind, sich bewusst langsam anzuziehen. Es lässt sich nicht gerne hetzen. Es braucht Zeit zum Spielen. Der alte Mensch hat wieder einen Sinn für die Langsamkeit entdeckt. Langsamkeit ist auch Zeichen von Spiritualität. Der alte Mensch kann es sich erlauben, wieder langsamer zu werden. Mitten im Leben stehend können wir bei der Arbeit nicht langsam sein. Sonst würden wir in kurzer Zeit unsere Stelle verlieren. Doch auch dann braucht es den Gegenpol: die Langsamkeit. Es gibt Menschen, die die Hektik bei der Arbeit auch in ihre Familien bringen. Sie sind kein Segen für ihre Familie. Die Kinder wollen nicht die Hektik des Vaters, sondern seine Präsenz. Sie möchten, dass er sich Zeit für sie nimmt. So besteht die Kunst des Lebens darin, durchaus schnell und effektiv zu arbeiten, aber immer auch langsame Zeiten zu haben, in denen man sich Zeit lässt und die Langsamkeit genießt.

# Wie der Gärtner im Frühjahr

„Warte auf das Wunder – wie der Gärtner auf das Frühjahr." (Antoine de Saint-Exupéry)
Wunder kann man nicht machen. Wunder geschehen nicht, wo Menschen hektisch hin- und herlaufen und etwas erzwingen wollen. Wunder geschehen dort, wo jemand warten kann. Das Wunder der Blüte kann nur derjenige beobachten, der darauf wartet. Der Gärtner bereitet mit seiner Arbeit dem Frühling den Weg, aber er kann ihn keinen Augenblick früher herbeiführen. Der Frühling kommt, wann er will. Mit dem Warten tun sich heute viele Menschen schwer. Doch wo etwas wirklich wachsen soll, braucht es das geduldige Warten. Beziehungen zwischen Menschen brauchen Zeit zum Wachstum. Ein Gruppenprozess braucht Zeit. Wachstum braucht Zeit. Das gilt auch für den Wachstumsprozess des Einzelnen. Nur wer warten kann, wird auch die Früchte seines Reifens ernten.

# Nur Geduld

"Nur der Geduldige erntet, was reif ist", so lautet ein afrikanisches Sprichwort. Was es besagt: Reifen braucht seine Zeit. Es gibt Früchte, die sehr langsam reifen. Das Korn braucht neun Monate, um heranzureifen. Der Mensch ist nur neun Monate im Mutterschoß, aber er braucht sein ganzes Leben lang, um reif zu werden. Ganz reif wird die Frucht des Menschen erst durch seinen Tod.

Das deutsche Wort "Geduld" kommt von "dulden = tragen, ertragen, auf sich nehmen". Mit dulden verbinden wir, dass jemand etwas Schweres auf sich nimmt, dass er Leid trägt. Geduld bedeutet jedoch heute eher: "Langmut, Ausharren, Warten". Die Italiener rufen einem Ungeduldigen zu: "Pazienzia!". Dieses Wort hängt zusammen mit dem Lateinischen "pati = leiden". Offensichtlich spiegeln die deutsche und italienische Sprache die Erfahrung wider, dass der, der warten muss, etwas

Schweres auf sich nimmt. Was ist das Schwere, das der Geduldige trägt? Es ist die Zeit, in der er nichts tun kann als warten. Und das ist offensichtlich für viele Menschen das Allerschwerste. Sie meinen, jeden Augenblick im Griff zu haben, alles selber machen zu können. Nur wer das Nichtstunkönnen, das Nichtssehen, das Ausgeliefertsein an die Prozesse des Wachsens und Reifens aushält, wird ernten können, was reif ist. Wir denken, die Afrikaner sind doch viel geduldiger als wir. Sie können warten. Doch offensichtlich kennen auch sie ungeduldige Menschen, die nicht warten können, bis etwas reif ist. Es liegt wohl in der Natur des Menschen, dass er alles selber machen will. Im Warten trägt er schwer an seiner Ohnmacht, dass das Wachsen und Reifen nicht ihm gehorcht, sondern einem anderen, dem inneren Prozess oder Gott, der das Wachsen und Reifen bewirkt.

## Keine Angst

Die Pflanze wächst nach ihrem inneren Gesetz. Auch der Mensch hat seinen Rhythmus, der für sein Leben passt. Wenn dieser Rhythmus immer schneller wird, kommt die Seele nicht nach. Sie wird verwirrt. Wer meint, er müsse immer schneller werden, wird letztlich von der Angst getrieben. Die Angst ist die Triebfeder der Beschleunigung. Wer Angst hat, kann nicht stehen bleiben. Er kann nicht warten. Er kann nicht zuschauen. Er muss alles selbst in die Hand nehmen, weil er meint, sonst würden sich die Dinge seiner Hand entziehen. Er misstraut allem, was er nicht selber tut. Und er hat Angst vor den kleinen Unterbrechungen des Alltags. Da würde er ja mit sich selbst konfrontiert. Doch das kann er nicht aushalten, also muss er immer tätig sein, immer etwas in der Hand haben, was er vor sein Herz halten kann, damit er die Unruhe und Ängstlichkeit seines Herzens nicht wahrnimmt.

# Ein größerer Horizont

„Wenn du es eilig hast, mach einen Umweg", so lautet ein asiatisches Sprichwort. Es besagt etwas Wesentliches: Wer zielgerichtet auf das losgeht, was er vollbringen möchte, vergisst oft das Wichtigste. Er ist so fixiert auf die kurzfristige Erfüllung seiner Aufgabe, dass er gar nicht bedenkt, wie er die Aufgabe sinnvoll bewältigen kann und was alles in den Blick genommen werden muss. Wer auf dem Weg zu seiner Aufgabe einen Umweg in Kauf nimmt, der gewinnt Zeit, nachzudenken, was wirklich zu tun ist. Er wird die Aufgabe effektiver vollbringen, weil er einen größeren Horizont gewonnen hat. Und vielleicht sind ihm im Gehen Lösungen eingefallen, auf die er nie gekommen wäre, wenn er sich sofort an die Arbeit gemacht hätte.

# 3. Heute ist die beste Zeit

# Ganz präsent

Das Sprichwort sagt: „Was du heute kannst besorgen, verschiebe nicht auf morgen." Dahinter steckt eine Kritik der Faulheit. Es gibt aber auch eine Tradition, die den Wert der Gegenwart aus einem anderen Grund betont und dazu motiviert, im Hier und Jetzt zu leben. Es ist eine Kunst, gegenwärtig zu sein. Das ist nicht einfach. Es braucht eine innere Freiheit, um gegenwärtig zu sein. Aber wenn es mir gelingt, dann empfinde ich wirkliches Leben. Dann ist jeder Augenblick kostbar. Ich atme, ich rieche, ich höre, ich schaue. Ich bin ganz präsent. Wenn ich präsent bin, dann erfahre ich auch Gott als gegenwärtig. Dann umfasst der Augenblick alles: Himmel und Erde, Zeit und Ewigkeit, Gott und Mensch. Ich lebe dann wirklich.

# Köstlich

„Leben ist jetzt", diese Weisheit findet sich in allen Traditionen: Ein alter Zen-Mönch fühlt seinen Tod nahen und sagt seinen Novizen, dass er in den nächsten Stunden sterben wird. Sie versammeln sich um sein Lager, nur sein Lieblingsschüler geht auf den Markt, um einen Kuchen zu holen. Er weiß, dass sein Meister ihn besonders liebt. Als er in die Zelle zurückkommt, schlägt der Mönch die Augen auf: „Endlich!" Er lässt sich ein Stück reichen und verzehrt es mit großem Genuss. Die Schüler sind verwirrt. Und einer fragt: „Meister, was willst Du uns noch sagen? Was ist Deine wichtigste Lehre?" Der Alte macht die Augen noch einmal auf und sagt, jedes Wort betonend: „Dieser Kuchen schmeckt vorzüglich."

# Wie heute leben?

Wir können das Vergangene nicht rückgängig machen. Selbstvorwürfe führen nicht zum Leben. Im Gegenteil, oft sind Selbstvorwürfe ein Vorwand, nicht im Augenblick zu leben und sich nicht dem Leben zu stellen mit den Herausforderungen, die es heute stellt. Das Leben war so, wie es war. Damit haben wir uns auszusöhnen. Und es ist gut, sich einzugestehen, dass das Leben nicht immer eine Erfolgsgeschichte war. Aber ich habe es erlebt. Und ich habe an dem Erlebten etwas gelernt. Ich bin daran gewachsen. Wenn wir das sehen, können wir uns verabschieden von dem Ideal, das alles perfekt sein müsse. Wenn die Erinnerungen von verpassten Chancen hochkommen, sollen wir sie anschauen und betrauern, aber dann wieder zu uns selbst und zum gegenwärtigen Augenblick zurückkommen. Die entscheidende Frage ist: Wie möchte ich heute leben?

## Ja zum Jetzt

„Wenn uns Verzweiflung überkommt, liegt das gewöhnlich daran, dass wir zu viel an die Vergangenheit und an die Zukunft denken": Verzweiflung kommt nach dieser Erkenntnis der heiligen Therese von Lisieux davon, dass wir zu viel an die Vergangenheit und Zukunft denken. Wenn wir ständig die Verletzungen der Vergangenheit betrachten, steigt in uns vielleicht Verzweiflung hoch über die Einsamkeit, die wir als Kind erfahren haben, über die Überforderung, über die Kränkungen und die Demütigungen. Wir sollen die Vergangenheit nicht verdrängen. Aber es gibt auch ein Zuviel an Beschäftigung mit vergangenen Verletzungen. Genauso wenig hilft es uns, wenn wir ständig an die Zukunft denken: Wie wird sie sein? Werde ich den Anforderungen gerecht werden? Werde ich nicht krank, werde ich Krebs haben? Wird mein Ehepartner auch treu sein? Wird die Gemeinschaft mich tragen können? All diese Überlegungen um die Zukunft können mich in die Verzweiflung führen. Ich zweifle daran, dass die Zukunft gut wird. Ich male mir alles Schlimme aus. Und dann bleibt nicht nur der Zweifel, sondern die Verzweiflung, die völlige Hoffnungslosigkeit. Der einzige Weg, der Verzweiflung zu entrinnen, besteht darin, in der Gegenwart zu leben. Wenn ich ja sage zu dem, was gerade ist, dann zerbreche ich mir nicht den Kopf um Vergangenheit und Zukunft. Der Augenblick ist kurz. Er ist nur gerade jetzt. Wenn ich mich auf diesen Augenblick einlasse und ganz gegenwärtig bin, dann hat die Verzweiflung keinen Raum, in den sie eindringen kann. Ich bin ganz in der Gegenwart. Ich bin nicht geteilt, nicht „zwiefältig", sondern eins. Und wer eins ist mit sich und dem Augenblick, der ist gefeit vor Zweifel und Verzweiflung.

## Mit ganzem Herzen

Ich erlebe es oft, wenn ich Kurse halte: Ich lade ein, dass die Teilnehmer sich in Kleingruppen zusammensetzen, um das Vorgetragene zu besprechen. Da können sich manche nicht entscheiden, in welche Gruppe sie gehen sollen. Sie überlegen lange hin und her, welche Gruppe für sie besser ist. Dann setzen sie sich zu einer Gruppe. Doch auf einmal meinen sie, die andere wäre spannender und fruchtbarer für sie. So gehen sie zur nächsten Gruppe. Aber nirgendwo nehmen sie wirklich Anteil. Es ist vergeudete Zeit, weil sie nicht mit ganzem Herzen im Augenblick sind. Sie sollten das Wort des chinesischen Weisen beherzigen: „Wohin du auch gehst, geh mit deinem ganzen Herzen!" Es ist nicht so wichtig, wohin ich gehe. Entscheidend ist, dass ich immer mit ganzen Herzen dorthin gehe, wofür ich mich entschieden habe.

## Im Hier und Jetzt

Viele erleben es: Sie haben sich für einen Termin entschieden. Doch auf dem Weg dahin überlegen sie, ob es nicht besser gewesen wäre, an dem anderen Treffen teilzunehmen. Sie sind dann nicht wirklich dort, wo sie sind. Sie nehmen nur mit halbem Herzen teil, überlegen, was wohl bei dem anderen Treffen besprochen wird – und fühlen sich innerlich zerrissen. Und die Zeit, in der sie bei den Gesprächen sind, wird für sie anstrengend. Ein mahnendes Wort des chinesischen Weisen Konfuzius zeigt die Lösung auf: „Wohin du auch gehst, geh mit deinem ganzen Herzen!" Wir sollen uns einmal entscheiden, und dann sollen wir mit ganzem Herzen dorthin gehen, wofür wir uns entschieden haben. Dann ist es eine angenehme, eine wertvolle Zeit. Wir lassen uns auf die Menschen ein und erfahren Neues. Wir begegnen ihnen und werden selbst dadurch beschenkt.

# Sei ruhig in dir

Von Augustinus stammt der Satz: „Sei still und verstehe, denn du verwirrst dich, und innen in deinem Gemach verdüsterst du das Licht. Strahlen will dir der ewige Gott, mach dir nicht ein Genebel aus Wirrnis; sei ruhig in dir."

Stille kommt von „stehen bleiben". Wer still sein will, muss stehen bleiben. Er muss innehalten, anstatt weiterzueilen. Stehen bleiben ist für Augustinus die Voraussetzung, sich selbst zu verstehen, den Nächsten und das Geheimnis der Welt zu verstehen. Verstehen hat mit Stehen zu tun. Im Vorübereilen verstehe ich nichts, weder die Worte der Menschen noch das Herz derer, an denen ich vorbeilaufe. Wer immer weitereilt, der wird innerlich verwirrt, dessen Herz verdüstert sich. Stehen bleiben, still werden, ist die Voraussetzung, dass sich das Trübe in uns klärt, dass der Nebel sich auflöst und wir klar erkennen, was ist. Und erst wenn das Innere klar wird, finden wir Ruhe in uns selbst, können wir es bei uns selbst aushalten. Augustinus fordert uns nicht auf, Ruhe zu geben und nach außen hin ruhig zu sein. Er sagt: „Sei ruhig in dir." In sich ruhen, in seiner Mitte ruhen, das ist die Voraussetzung auch für die äußere Ruhe.

# Wer will das nicht?

Zur Ruhe kommen, das möchte jeder gestresste Zeitgenosse. Aber viele finden keine Ruhe. Sie können nicht ausruhen. Und wenn es ruhig wird um sie herum, werden sie geradezu nervös: Sie spüren, dass sie ihrer eigenen Wahrheit begegnen könnten. Das macht sie unruhig. Da laufen sie lieber vor sich selbst davon und stürzen sich in Hektik. Jesus sagt: „Die Wahrheit wird euch frei machen." (Joh 8, 32) Wir könnten auch übersetzen: Nur wer es wagt, sich seiner Wahrheit zu stellen, wird Ruhe finden. Die Ruhe fängt im Innern an: „Seelenruhe bedeutet auch Ruhe für den ganzen Leib", sagt Rabbi Halozki. Wenn die Seele nicht zur Ruhe kommt, wird auch der Leib nicht wirklich ruhig werden, selbst wenn er rein äußerlich nichts tut. Wer ständig in Bewegung ist, der hindert seine Seele, ruhig zu werden. Ich muss auch äußerlich Ruhe geben, damit meine Seele Ruhe finden kann.

# Rein und daheim

Die Griechen lieben das Wort „anapausis", das Ruhe, Ruheplatz und Unterbrechung bedeutet. Von diesem Wort kommt unser Wort „Pause". Bei der Ruhezeit denken die Griechen auch an die Ruhe, die die Organe des menschlichen Körpers brauchen, an die Ruhe vom Kriegsdienst und an die innere Ruhe. Ruhe war die Zeit zum Nachdenken, zur Kontemplation. Die Griechen sprechen von einer schöpferischen Ruhe. Wer ständig Hektik verbreitet, von dem geht zwar viel Unruhe und Wirbel aus, aber keine kraftvolle Tätigkeit. Nur wer zur Ruhe gekommen ist, kann konsequent und effektiv, kreativ und innovativ arbeiten.

Das Alte Testament sagt von Gott, dass er am siebten Tag seines Schöpfungswerkes ausgeruht hat. Er sah, dass alles, was er geschaffen hatte, gut war. Das ist auch die Bedingung, dass wir zur Ruhe kommen. Wir müssen aufhören, alles zu kritisieren und zu hinterfragen.

Ruhig werden wir nur, wenn wir dem, was wir geworden sind, zustimmen, wenn wir von uns sagen können: „Ja, es ist gut, dass ich bin, dass ich so bin, wie ich bin." Der Hebräerbrief verheißt uns, dass wir in die Sabbatruhe Gottes eingehen dürfen. Die Sabbatruhe ist nicht die Ruhe nach dem Tod. Vielmehr betreten wir im Glauben jetzt schon den Ort der Ruhe. Es ist ein innerer Ort. In uns ist schon ein Raum der Stille. An diesem inneren Ort der Ruhe kommen die inneren Turbulenzen unserer Seele zur Ruhe. Dort sind wir frei von den Überlegungen, was andere von uns denken, frei von dem Zwang, uns mit anderen zu vergleichen. Dort sind wir ganz wir selbst, authentisch, in Übereinstimmung mit unserem wahren Wesen. Wir fühlen uns daheim, weil Gott, das Geheimnis, in uns wohnt. Das ist der Sinn der Ruhe, nach der wir uns alle sehnen, dass wir fünf Eigenschaften in uns entdecken und erfahren: frei, heil, authentisch, rein und daheim zu sein.

# Ein heiliger Raum

Aus der inneren Ruhe heraus können wir uns anders der Unruhe unserer Zeit stellen. Die Unruhe wird nicht nach uns greifen. Wir werden mitten in der äußeren Hektik die innere Ruhe bewahren. Denn wir tragen diesen heiligen Raum der Ruhe in uns. Wenn wir mit ihm in Berührung sind, dann werden wir auch in der Schnelligkeit der Arbeitswelt aus dieser inneren Ruhe heraus leben. Dann wird unsere Arbeit effektiver als die eines Hektikers. Aber sie wird nicht Unruhe verbreiten, sondern Klarheit, Kraft und Ruhe. In der Ruhe entziehen wir uns nicht den Herausforderungen der Welt, sondern antworten darauf, ohne uns von ihnen unter Druck setzen zu lassen. Wir laufen der Welt und ihren Ansprüchen nicht nach, sondern gestalten diese Welt. Es ist eine schöpferische Ruhe. Sie stellt uns nicht unter den Zwang der Welt, sondern mitten in die Welt, dass wir die Welt von innen heraus formen.

# Rasthäuser

Wer ohne einzukehren immer weiter wandert, der überfordert sich selbst. Er wird ärgerlich. Auf einmal stört ihn alles. Der Weg ist ihm zu holprig. Das Wetter macht ihm einen Strich durch die Rechnung. Wir können unseren Weg nur dann beschwingt gehen, wenn wir wissen, dass uns auf dem Weg immer wieder eine Rast erwartet. Rast hat mit Ruhe zu tun. Die Rast bezeichnet ursprünglich die Wegstrecke, die wir zwischen zwei „Rasten", zwischen zwei „Ruhezeiten" zurücklegen können. Wir brauchen immer wieder ein Rasthaus, in das wir einkehren können, damit der Weg nicht zu beschwerlich wird und uns zur Umkehr zwingt. Kehren heißt: wenden, umwenden, verwandeln. Wer einkehrt, der geht verwandelt weiter. Feste zum Beispiel sind eine Einkehr auf unserem Weg, damit wir verwandelt weiter gehen können.

# Wer rastet, rostet nicht

"Wer rastet, der rostet", das hat man uns eingeredet bis wir glaubten, wir müssten ohne Ende immer weiter. Natürlich können wir auf unserem inneren Weg nicht stehen bleiben. Menschsein heißt: immer weiter wandern. Aber zur Wanderung gehört auch die Rast. Ohne Rast verlieren wir die Freude am Wandern – und an der lebendigen Entwicklung, am Sich-Wandeln.

Rasten tut gut: Früher bin ich über fünf Stunden mit dem Auto gefahren, ohne Halt. Heute gönne ich mir zwischendurch an einer "Raststätte" eine kurze Pause und genieße den Cappuccino. Danach kann ich mit neuer Aufmerksamkeit und größerer Wachheit weiterfahren. Manchmal müssen wir auch auf unserem inneren Weg Rast machen, um neu zu überlegen, wie der Weg weitergeht. Nur so vermeiden wir es, dass wir uns überfordern – und uns letztlich immer weiter von uns selbst entfernen.

# Eins nach dem anderen

Es ist gut, wenn Sie sich morgens einen Plan machen, was Sie der Reihe nach anpacken möchten. Am besten ist es, wenn Sie die unangenehmen Dinge als erstes aufschreiben. Denn solange Sie sie vor sich hinschieben, wird der Druck immer größer und Sie haben auch nicht mehr genug Energie für das, was Sie gerade erledigen. Wenn Sie Unangenehmes erledigt haben, haben Sie mehr Kraft für das, was jetzt ansteht. Sagen Sie sich einfach vor: „Eins nach dem andern." Auch die schwierigste Aufgabe beginnt mit dem ersten Schritt. Versuchen Sie, den ersten Schritt zu machen, dann fallen die anderen nicht mehr so schwer. Und der erste Schritt muss nicht riesengroß sein. Schon kleine Schritte genügen, um anzufangen. Fragen Sie sich auch, warum das oder jenes unangenehm ist. Was würde Ihnen helfen, dass es nicht so unangenehm ist? Haben Sie Angst, sich mit jemandem zu konfrontieren? Oder ist das Problem nicht so einfach zu entscheiden? Analysieren Sie das Unangenehme. Dann werden Sie merken, dass sich die Probleme auf einige Fragen reduzieren lassen, die gelöst werden wollen. Nehmen Sie es mehr als sportliche Herausforderung, schwierige Dinge zu tun. Aber setzen Sie sich nicht unter Druck. Denn der Druck lähmt Sie und raubt Ihnen alle Energie. Der Druck scheint von außen zu kommen. Doch in Wirklichkeit machen wir uns den Druck oft selber. Bewahren Sie Ihre innere Freiheit gegenüber den Herausforderungen von außen.

# Guter Rhythmus

Die Zeit ist in unserer Erfahrung schon immer rhythmisiert. Die Jahreszeiten geben der Zeit ihren Rhythmus, aber auch Morgen, Mittag und Abend strukturieren die Zeit eines jeden Tages. Wenn ich mich auf den guten Rhythmus der Zeit einlasse, auf die vorgegebene Struktur des Tages, dann tut mir das gut. Sich auf den Rhythmus des Lebens einzustellen, ist gesund. Jeder hat seinen eigenen Biorhythmus. Wenn ich ständig gegen diesen inneren Rhythmus arbeite, werde ich schnell müde und fühle mich ausgelaugt. Wenn ich dagegen im Rhythmus meines Leibes und meiner Seele lebe, bin ich im Einklang mit mir. Ich habe nicht den Eindruck, zerrissen und gehetzt zu sein. Und die Arbeit geht mir gut von der Hand. Aber ich bin nicht Sklave der Arbeit. Ich kann in der Beziehung zu dem, was ich tue, Sinn erfahren.

# Geschäftsfrei

Ferien bezeichnen die geschäftsfreien, die gerichtsfreien Tage, die Ruhetage. Bei vielen ist der Urlaub nicht geschäftsfrei. Sie sind ständig mit etwas beschäftigt. Es ist keine gerichtsfreie Zeit. Ständig richten und urteilen sie über sich selbst oder über andere. Manche müssen jedes Essen beurteilen, das sie im Ausland vorgesetzt bekommen. Sie sitzen zu Gericht über die andersartigen Menschen. Sie sind unfähig, das Fremde wahrzunehmen und sich davon bereichern zu lassen. Weil sie alles bewerten, haben sie Angst vor dem Augenblick, in dem sie mit sich selbst und ihrer eigenen Wahrheit konfrontiert sind. Zur Ruhe kann nur der kommen, der bereit ist, seine eigene Wahrheit anzuschauen, sich selbst anzunehmen, wie er ist. Und wirkliche Ferien hat nur der, der sich frei macht von allem Beurteilen und Werten, wer einfach im Augenblick sein kann und das Leben zu genießen versteht.

# Erlaubnis

Ursprünglich und seiner Wortbedeutung nach kommt „Urlaub" von der Erlaubnis, die mir ein Höhergestellter gibt, wegzugehen. Dann meint Urlaub die Freistellung von einem Dienstverhältnis. Doch wenn wir seine Wortbedeutung genauer anschauen, hat „Urlaub" und „erlauben" mit der althochdeutschen Wurzel „liob" zu tun: gern haben, begehren, lieb, freundlich und gut. Urlaub meint dann die Zeit, in der ich mir erlaube, so zu sein, wie ich bin. Ich steige aus aus dem Erwartungsdruck der Menschen. Es ist mir gleich, was die anderen von mir wollen. Ich darf mir erlauben, mein eigenes Leben zu leben, mir meine Wünsche zu erfüllen, ohne Rücksicht auf das, was nützlich ist, was Geld bringt. Der Mensch braucht diese Erlaubnis, einfach zu sein, einfach zu leben. Sonst definiert er sich nur noch von seinem Dienstverhältnis, von seiner Funktion, von seiner Rolle her, die er in der Gesellschaft spielt.

## Uns genießen

Ich muss meinen persönlichen Rhythmus entdecken, damit mein Leben Frucht bringt und damit ich mich in der Zeit wohl fühle. Das hat ganz konkrete Auswirkungen und es kann auch nicht genormt werden: Für den einen stimmt der Rhythmus, früh aufzustehen und die Morgenstunden zu nutzen. Für einen anderen stimmt es, später aufzustehen und dafür den Abend als kreative Zeit zu verbringen. Der eine kann fünf Stunden am Stück arbeiten. Der andere braucht alle zwei Stunden eine kurze Unterbrechung. Wir sollten uns nicht irgendeiner normierten Messlatte unterstellen, sondern in uns hineinhorchen, um zu entdecken, welcher Rhythmus uns gemäß ist. Nur wenn wir uns nicht vergewaltigen, sondern klug mit uns und unserem inneren Rhythmus umgehen, wird unser Leben fruchtbar werden.

## Der Alltag als Übung

Mein Alltag hat oft die gleichen Abläufe. Ich stehe immer um die gleiche Zeit auf. Ich habe die gleiche Arbeit. Und die ist nicht immer interessant. Aber wenn ich ja sage zur Durchschnittlichkeit meines Alltags, dann ist der Alltag für mich ein wichtiges spirituelles Übungsfeld. Denn darin übe ich die Treue ein, die Treue zu mir, zu den Menschen und zu Gott. Da übe ich die Selbstlosigkeit ein. Ich gebe mich hin an diese Arbeit, an die Menschen, für die ich heute da bin. Dann ist das Alltägliche der Ort, an dem ich meine Liebe einübe und verwirkliche. Dann werde ich immer wieder auch im Alltag Begegnungen erfahren, die mich beglücken. Und auf einmal wird das Leere zur Fülle, das Banale zum Heiligen und die Routine wird aufgebrochen für die göttlichen Überraschungen, in denen das Unverfügbare der göttlichen Liebe in meinen Alltag einbricht.

# Ein Geschenk

Versuchen Sie, die Zeit wahrzunehmen, in der Sie jetzt in diesem Augenblick atmen, sich spüren, nachdenken, lesen. Dieser Augenblick gehört Ihnen. Er ist Ihnen geschenkt. Wie Sie ihn erleben, hängt von Ihrer Einstellung ab. Wenn Sie ihn in Achtsamkeit und Dankbarkeit wahrnehmen, dann erleben Sie das Geschenk der Zeit. Und achten Sie auch auf die verschiedene Qualität der Zeit, die Zeit des Morgens, des Mittags und des Abends. Jede Zeit hat ihre eigene Prägung. Der frische Morgen will uns erfrischen. Am Mittag bitten wir, dass Gott die innere Hitze kühle. Und am Abend dürfen wir dankbar zurückschauen und die Zeit genießen, die uns geschenkt wird, um still zu werden oder miteinander zu sprechen. Versuchen Sie diese beiden Wege: den Weg über die Rituale und eine gute Rhythmisierung und den Weg der Achtsamkeit und Dankbarkeit. Dann werden Sie die Zeit anders erleben.

# Aufatmen

Ich kann mich immer wieder zurückziehen in die Stille. Ich kann mich in meine Meditationsecke setzen und still meditieren. Ich kann in eine Kirche gehen, dort einfach still verweilen oder einen Gottesdienst besuchen. Einen solchen anderen Ort aufzusuchen, das ist in einem weiteren Sinn eine neue Qualität. Das sind dann für mich auch heilige Zeiten. Heilig ist das, was der Welt entzogen ist. Die heilige Zeit gehört Gott und sie gehört mir. Da haben die Ansprüche des Alltags keine Macht über mich. Da bestimmen mich die Termine nicht, die Menschen nicht, und auch nicht ihre Erwartungen. Da kann ich aufatmen und ganz ich selber sein.

# 4. Überall führt eine Spur zum Glück

## Was entscheidend ist

Die Zeit, die wir haben, ist die uns von Gott geschenkte Zeit. Und es ist nicht so wichtig, was wir genau tun. Entscheidend ist, dass wir in jedem Augenblick vor Gott sind. Und ob ich – in diesem Augenblick vor Gott – arbeite oder meditiere, ist nicht entscheidend. Nach der Regel des hl. Benedikt ist es möglich, sogar am Sonntag Mönchen, die nicht fähig sind zu lesen und sich der Meditation zu widmen, Arbeit zuzuteilen. Sie können sich auch auf diese Weise an Gott binden. Wenn ich ganz im Augenblick bin, dann erlebe ich die Zeit nie als eng und begrenzt. Ich bin jetzt in diesem Augenblick. Und dieser Augenblick ist mir geschenkt. Ich versuche, ganz gegenwärtig zu sein. Aber ich setze mich nicht unter Druck. Ich schaue nicht auf die Uhr, um die Tätigkeit in möglichst schneller Zeit hinter mich zu bringen. Manche meinen, wir bräuchten den zeitlichen Druck, um effektiv zu arbeiten. Doch wenn ich frei bin für diesen Augenblick, wird die Arbeit einfach aus mir herausfließen. Ich bin frei vom Druck. Und diese innere Freiheit lässt mich in Wirklichkeit effektiver arbeiten, als wenn ich ständig auf die Uhr sehe und alles möglichst schnell zu erledigen suche. Entscheidend ist nicht wie lange ich lebe, was ich alles leisten und vorweisen kann. Entscheidend ist, dass ich mein Herz öffne und mit weitem Herzen jeden Augenblick lebe.

# Wirkliches Leben

Das Glück lässt sich nicht festhalten, genauso wenig wie das Leben. Das Leben fließt immer weiter. Manchmal fließt es durch finstere Täler, manchmal wird es zum Wasserfall. Auch im Schmerz ist Leben. Und so kann in jedem auch eine Ahnung von Glück sein, im Schmerz, der mich für den Bruder oder die Schwester öffnet, in der Freude, die ich mit anderen teile, in der Anstrengung, die ich auf mich nehme, um einen Gipfel zu besteigen, in der Entspannung, wenn ich im Meer schwimme. Überall, wo wirklich Leben ist, ist auch eine Spur von Glück.

# Geheimnis der Gegenwart

Wer im Augenblick lebt, der braucht keine äußeren Erlebnisse, um sich lebendig zu fühlen. Er spürt sich selbst. Und er nimmt seine Umgebung wahr. Da genügt ihm ein Spaziergang im Wald, um ganz im Augenblick zu sein und ihn zu genießen. Oder es genügt ihm das intensive Gespräch mit einem Freund, um die Zeit zu vergessen. Oder aber er lässt sich auf die Stille ein. In der Stille der Meditation steht die Zeit still. Da ahnt er mitten in der Zeit etwas von der Ewigkeit, die in seine Zeit einbricht.

# Im Fluss der Zeit

Indem ich mir Zeit lasse, breche ich aus der Herrschaft der Zeit aus. Ich nehme die Zeit wahr. Ich genieße sie. Die Zeit ist mir geschenkt. Ich lasse den Druck los, was ich alles in der kurzen Zeit noch erledigen müsste. Ich lasse die Zeit fließen und nehme sie wahr. Zeit ist immer geschenkte Zeit, Zeit, die Gott und die mir selbst gehört, in der ich mir und meinem wahren Selbst gehöre.

# Täglich Überraschungen

Gesund zu sein, sich zu bewegen, frei durchzuatmen: Es ist eine Freude, die täglichen Überraschungen des Lebens bewusst wahrzunehmen. Freude ist letztlich immer eine Qualität der eigenen Seele. Und eine Sache bringt mich nur in Berührung mit der Freude, die in mir ist. Letztlich ist es also immer Freude an sich selbst. Die Freude an mir selbst gehört mir. Sie kann mir daher auch niemand rauben. Die Freude entspricht dem Wesen des Menschen, sie tut seiner Gesundheit gut und sie verlängert sein Leben.

Wer aber die Freude bis auf ihren Grund auskostet, der berührt Gott.

# Einschwingen ins Geheimnis

Es führt in eine Sackgasse, die Zeit nur auszunutzen. Vielmehr geht es darum, den inneren Rhythmus des eigenen Körpers und des gesamten Kosmos zu erspüren und sich darauf einzuschwingen. Dann leben wir gesund, in Harmonie und unserem wahren Wesen entsprechend. Wenn ich mich dem Rhythmus der Zeit überlasse, dann erlebe ich die Zeit nicht als Tyrannen, dem ich als Sklave dienen muss, sondern als das Geschenk, das mir dient, das mir ermöglicht, das Geheimnis des Lebens zu erspüren und auch Zeit als Raum zu erfahren, in dem ich zuhause bin und mich daheim fühle.

## Wege durch den Nebel

Wer das Licht auch durch den Nebel des Alltags hindurchschimmern sieht, wer den Glauben an die Helligkeit nicht aufgibt, auch wenn er im dunklen Loch seiner Depression sitzt, der findet auch mitten in seiner Traurigkeit und Unzufriedenheit den Weg ins Freie. Es ist eine eigene Lebenskunst, diesen Weg auch dann zu finden, wenn ich innerlich aufgewühlt oder verletzt, wenn ich enttäuscht und verzweifelt bin.

Wir tragen den Himmel, auf den wir zugehen, schon in uns. So ist der ganze Weg zum Himmel schon Himmel. Dort, wo Gott in uns wohnt, dort ist der Himmel. Dort weitet sich das Herz.

# Vergegenwärtigung

Die Freude kann uns ganz in den Augenblick versetzen. Wenn ich mich freue, bin ich ganz präsent. Das Denken kreist immer um die Vergangenheit oder Zukunft. Die Freude spüre ich in der Gegenwart, und sie macht mich selber gegenwärtig. In der Freude komme ich mit mir selbst in Berührung. Im Denken bin ich immer von mir selbst entfernt. Die Freude bringt mich in die Nähe zu mir selbst und in die Nähe zum gegenwärtigen Augenblick.

## Reines Sein

Die Freude ist eine Schwester der Lust. Auch die Lust empfinde ich im Jetzt. Über vergangene oder zukünftige Dinge kann ich keine Lust spüren, höchstens wenn das Vergangene oder Künftige jetzt in meiner Vorstellung gegenwärtig wird. Die Freude schafft Gegenwart. Und umgekehrt bewirkt die Fähigkeit, ganz im Augenblick zu sein, Freude. Freude ist Ausdruck des reinen Seins, der klaren Gegenwart.

## Lass los, was belastet

Lass los, was dich belastet, lass dich ein auf das, was kommt. Sei frei für den Augenblick, sei frei für das, was gerade auf dich zukommt.

Das Ziel des Lebens ist nicht, möglichst viel zu arbeiten, sondern zu *leben*. Leben heißt aber nicht: möglichst viel erleben und sich nach der Arbeit dem Vergnügen widmen.

Leben heißt: Das tun, was dem Herzen entspricht. Wahrnehmen, was ist. Dem Geheimnis des Lebens auf die Spur kommen.

# Befreit von Druck

Manche haben Angst, dass ihnen die Zeit davonläuft. Wenn wir genau hinschauen, sind es immer wir selbst, die sich unter Druck setzen. Doch der Druck erzeugt normalerweise nicht mehr Leistung. Vielmehr lähmt er mich. Das Gegenteil davon wäre, es langsam angehen zu lassen. Dann bin ich passiv. Das befriedigt mich auch nicht. Es kommt mir darauf an, ganz in dem zu sein, was ich tue. Dann werde ich mit einer gewissen Schnelligkeit arbeiten. Aber ich gerate nicht in Hektik. Ich brauche ein Gespür dafür, wo ich etwas schnell erledigen kann und wo ich mir Zeit lassen muss.

# Aus der Ruhe kommt die Kraft

Eine Rentnerin erzählte, wie sie sich immer noch unter Druck setzt, weil sie meint, sie müsse dies oder jenes noch tun. Sie habe ein schlechtes Gewissen, wenn sie am Mittag meint, dass sie zu wenig geleistet habe. Eine Mutter setzt sich unter Druck, wenn ihr kleiner Sohn beim Ministrieren hin und her wippt. Ein Mann setzt sich unter Druck, er müsse diese oder jene Tätigkeit in zehn Minuten erledigen. Von außen betrachtet ist der Druck häufig objektiv gar nicht vorhanden. Wir selbst machen ihn uns! Doch wer sich ständig unter Druck setzt, der kommt nie zur Ruhe. Sobald es um ihn herum ruhig ist, tauchen immer neue Bilder auf, und der Geplagte meint, es müsse jetzt auch dieses oder jenes noch erledigt werden. Der wichtigste Weg zur inneren Ruhe geht über das Ablegen dieses Drucks, den wir uns selber machen. Jesus lädt uns ein, sein Joch auf uns zu nehmen, das leicht ist.

Jesu Joch auf sich nehmen, das heißt: mit sich in Berührung sein. Es ist kein äußerer oder selbstgemachter Druck. Je mehr ich bei mir bin, je mehr ich in Berührung mit mir selbst bin, desto weniger lastet ein Druck auf mir. Wer bei sich ist, der spürt sich selbst. Der muss sich nicht unter Druck setzen, um sich zu spüren. Was er tut, wird aus seiner inneren Mitte strömen. Und so wird auch sein Tun der Ruhe entspringen und Ruhe bewirken. Wer aufgeregt arbeitet, dessen Tun wird keinen Segen bringen. Aus der Ruhe kommt die Kraft.

# Ein Engel durch den Tag

Nimm die verschiedene Qualität der Zeit wahr: die langsame Zeit des Essens und Genießens, die ruhige Zeit des Gehens und Meditierens, und die schnelle Zeit der raschen und effektiven Arbeit, in der du Lust daran hast, dass dir die Arbeit gut von der Hand geht.

Lass die Fixierung auf die Zeit los. Dann hast du auf einmal Zeit. Du wirst erfahren: Du hast genügend Zeit. Es kommt nur darauf an, wie du die Zeit siehst, wie du sie ordnest, wie du mit ihr umgehst.

Die Zeit ist dir geschenkt. Genieße dein Geschenk. Betrachte sie als Freund. Sie ist ein Engel, der dich durch deinen Tag begleitet. Er führt dich ein in das Geheimnis deines Lebens.

## Mehr gibt es nicht

Erfreue dich an dem, was ist. Spüre dich in die Dinge hinein. Höre, was sie dir sagen. Schaue in die Landschaft, ohne sie im Bild festhalten zu wollen. Schau auf die Wirklichkeit, ohne sie umzugestalten. Nimm wahr, was ist, und lass es so sein.

Sei gelassen, und du wirst neue Erfahrungen machen. Du wirst einen tiefen inneren Frieden spüren. Du wirst die Schönheit in allem erkennen. Du wirst die inneren Zusammenhänge entdecken. Und du wirst immer freier vom Zwang, freier davon, alles nach deinen Vorstellungen ändern zu müssen.

Lass die Dinge, wie sie sind.
Lass deine Vorstellungen los.
Dann blüht alles auf.

# 5. Alle Zeit will Ewigkeit

# Wie ein Blitz am Himmel

„Ein Leben gleicht dem Blitz am Himmel. Es rauscht wie ein Sturzbach den Berg hinab." Diesen Spruch des Buddha können auch wir nachvollziehen: Nicht nur der Totenmonat November erinnert uns daran, dass unser Leben dem Blitz am Himmel gleicht, der aufblitzt und schon wieder verschwunden ist. Im Vergleich mit der für unser Empfinden ewigen Dauer des Weltalls ist unser Leben nur ein kurzes Aufblitzen. Oder aber es ist wie ein Sturzbach, der den Berg hinab rauscht. Der Bach mag länger zu sehen sein als ein Blitz. Aber er ist nicht festzuhalten.

Solche Bilder wollen uns zur Bescheidenheit mahnen: Unser Leben ist im Vergleich mit der Geschichte des Weltalls allzu kurz. Und auch im Vergleich mit der Ewigkeit Gottes ist es nur ein kurzes Aufblitzen. Dennoch glauben wir Christen daran, dass unser Leben nicht ein schnell verglühendes Etwas ist, sondern eine ewige Bedeutung hat. Auch wenn es nur kurze Zeit hier auf Erden sichtbar ist, so wird es im Tod in die Ewigkeit Gottes gerettet.

Gerade weil unser Leben nur ein kurzer Augenblick ist, sollen wir es achtsam und bewusst leben. Es geht nicht darum, möglichst viel in dieser kurzen Zeit zu leisten, sondern möglichst intensiv zu leben. Wenn wir im Augenblick präsent sind, heben sich Zeit und Ewigkeit auf. Dann haben wir das Gefühl, dass unser Leben in diesem Augenblick „steht". Es huscht nicht wie ein Blitz vorüber. In diesem einen Augenblick leben wir. Und den sollen wir bewusst auskosten. So mahnt das eindrückliche Bild Buddhas auch uns, achtsam und bewusst zu leben. Es erinnert uns, dass wir unser Leben nicht festhalten können.

## Niemand weiß es

Wir haben das Gefühl, wenn wir älter werden, dass die Zeit zwischen unseren Händen zerrinnt, dass sie „abläuft", dass uns immer weniger Zeit zum Leben bleibt. Manchen macht diese Erfahrung der begrenzten und endlichen Zeit Angst. Die einen reagieren panisch und wollen die Wirklichkeit nicht wahr haben. Sie versuchen, die Spuren der Zeit zu vertuschen, indem sie Cremes benutzen, die die Falten glätten oder indem sie ihre welkende Haut liften lassen. Andere stürzen sich in Hektik und Betriebsamkeit.

Der Mensch weiß nicht, wie lange sein Leben währt und wie lange Gott ihn das Leben genießen lässt.
Daher soll er den jetzigen Augenblick auskosten. Den hat Gott ihm geschenkt.
Genieße das Leben.
Es ist später als du denkst.

# Erfinde ein Apfellied

Adalbert Stifter hat in seiner Erzählung „Der Nachsommer" ein Gefühl beschrieben, das wir alle kennen: Es geht etwas zu Ende, in der Natur und in unserer Seele. Die Lebenslust erlahmt. Der Sommertraum des Lebens ist ausgeträumt. Da kommt vielleicht ein Gefühl auf, dass wir den „Sommer" verpasst haben, dass sich nicht all unsere Sehnsüchte erfüllt haben. Schwermut kann die Folge sein. Rose Ausländer verweist in einem Gedicht mit dem Titel „Spätsommer" auf eine ähnliche Erfahrung. Sie spricht von Eisblumen, die bald blühen werden: „Mach dir nichts vor / Es geht zu Ende". Angst durchbohrt den Sommertraum. Gegen die Angst und gegen die Schwermut des Sommers setzt sie in ihr Gedicht die Schlusszeile „Erfinde / Ein Apfellied". Der Apfel ist nicht nur ein Symbol der Liebe, sondern auch ein Bild der Unsterblichkeit und ewiger Jugend. Mitten im Spätsommer, da etwas zu

Ende geht, sollen wir ein Apfellied erfinden, das uns mit der Liebe erfüllt, die uns ewig jung hält, mit einer Liebe, die mit dem Sommer nicht vergeht, sondern die Anteil hat an einer ewigen Liebe, letztlich an der Liebe Gottes.

## Immer neu

Viele Menschen möchten, dass das Leben ewig dauern solle. Schon die Märchen kennen das Motiv, dass der Tod überlistet wird. Doch wenn es keinen Tod mehr gibt, stockt das Leben. Robert Pütz hat auf die Frage, ob das irdische Leben ewig dauern solle, pointiert, paradox und mit einem Reim geantwortet: „Fände es unendlich statt, hätte man's in Kürze satt." Wenn das Leben ohne Ende ist, wird es langweilig. Gerade die Begrenzung der Zeit lädt uns ein, den Augenblick intensiv wahrzunehmen. Die unendliche Zeit ist die beliebige Zeit. Da ist alles gleichgültig. Es dauert ja ewig. Da können wir immer noch warten. So werden wir nie mit dem Leben wirklich beginnen. Die begrenzte Zeit ist die Zeit des immer neuen Anfangs. Die Zeit, die uns gegönnt ist, möchten wir leben, so gut wie es geht. Wir wollen die Zeit, die Gott uns geschenkt hat, nutzen, damit es eine gesegnete Zeit wird.

# Was bleibet aber

Über Zeit und Ewigkeit zu sprechen ist in sich selbst schon ein Paradox. Denn wenn die Ewigkeit erfahren wird, hören die Worte auf. Über die Ewigkeit können wir nicht mehr sprechen. Dennoch geht es den frühen Mönchen darum, das Wort Gottes so zu meditieren, dass uns das Wort die Türe zum wortlosen Geheimnis Gottes aufschließt. So hat es Isaak von Ninive formuliert. Das Wort so zu hören, dass das Unhörbare darin anklingt, das Wort so zu meditieren, dass alle Worte verstummen, dass reines Schweigen den Menschen erfüllt, in der Zeit sich auf das Wort Gottes so einzulassen, dass die Zeit still steht und aufhört, darin besteht für die Mönche das Geheimnis der Kontemplation. Für mich hat das Friedrich Hölderlin, der rätselhafte Dichter, der tief in das Geheimnis Gottes und in das Geheimnis des Menschen geschaut hat, in unübertrefflicher Weise ausgedrückt. Er hat in seinen Gedichten versucht, das, was sich der Zeit entzieht, im Wort anwesend sein zu lassen. Das Wort führt uns in den Bereich Gottes, der jenseits aller Bilder und Worte und auch jenseits aller Zeit ist. In seinem Gedicht „Mnemosyne" will der Dichter Anwalt des Göttlichen in dieser Welt, des Ewigen in dieser Zeit sein. Er fasst die Erfahrung des Zeitjenseitigen in der Zeit in den rätselhaften Worten zusammen:

„Lang ist
Die Zeit. Es ereignet sich aber
Das Wahre."

Hier beschreibt Hölderlin das Paradox, dass die Zeit einerseits lange dauert, dass sie lange Weile hat, langweilig ist, dass ein Augenblick dem Augenblick folgt. Aber mitten in der Zeit ereignet sich andererseits das Wahre, das, was jenseits der Zeit liegt, was die Zeit übersteigt. Für Hölderlin ist es die Trunkenheit der Liebe, in der die ursprüngliche Einigkeit des Lebens mitten in der Brüchigkeit dieser Welt erahnt und erfahren werden kann. Aber die Erfahrung solcher Einheit ist nur von kurzer Dauer. Die Dichter versuchen, dem Ewigen in ihrem Wort zum Durchbruch in unserer Zeitlichkeit zu verhelfen. „Was bleibet aber, stiften die Dichter", sagt Hölderlin. Hölderlin schreibt nicht über Zeit und Ewigkeit, er möchte vielmehr in seinen Worten das Zeitlose in dieser Zeit anwesend sein lassen.

Indem ich über Gott nachdenke, werde ich in seine Wirklichkeit hineingezogen. Indem ich über die Zeit nachdenke, schmecke ich die Ewigkeit selber, dass in einem Augenblick alles eins ist: Gott und Mensch, Himmel und Erde, Wort und wortloses Geheimnis, Zeit und Ewigkeit.

# Ruhender Punkt

Andreas Gryphius schreibt in seiner berühmten Betrachtung über die Zeit:

„Mein sind die Jahre nicht, die mir die Zeit genommen; / Mein sind die Jahre nicht, die etwa möchten kommen;
Der Augenblick ist mein, und nehm ich den in acht, / So ist der mein, der Jahr und Ewigkeit gemacht."

T. S. Eliot spricht vom „ruhenden Punkt der kreisenden Welt", den wir im Augenblick berühren, von dem Punkt, „wo sich Zeitloses schneidet mit Zeit". Für Andreas Gryphius wird der Achtsame, der ganz im Augenblick lebt, eins mit Gott, der Zeit und Ewigkeit geschaffen hat, der jenseits der Zeit ist. Die Erfahrung des Augenblicks wird zur Erfahrung Gottes und transzendiert so die Zeit.

# Ganz da und ganz weg

Erfahrungen des Augenblicks, in dem alles eins ist, Zeit und Ewigkeit, nennt Abraham Maslow Gipfelerlebnisse. Und jeder von uns hat wohl schon solche Gipfelerlebnisse gehabt, allein auf einer Frühlingswiese, mit Freunden auf einem Gipfel, mitten unter den Zuhörern in einem Konzertsaal, bei der Geburt eines Kindes, beim Anblick eines geliebten Menschen. Wenn wir überlegen, was da in solchen Gipfelerlebnissen geschieht, so können wir nur stammeln. Wir sagen: „Es hat mich einfach überwältigt. Ich war ganz da. Ich war ganz weg." David Steindl-Rast, der österreichische Benediktiner und Eremit, sieht drei Eigenschaften in einem solchen Gipfelerlebnis. Das Erste ist, dass wir uns ganz vergessen. Wir meinen, es sei eine große Gnade, sich selbst annehmen zu können. Denn wir wissen, wie schwer es ist, wirklich zu sich ja zu sagen. Aber die Gnade aller Gnade würde darin bestehen, sich selbst einmal vergessen zu können, einmal das Kreisen um sich selbst lassen zu können, einmal nicht mehr danach zu fragen, was es mir bringt, sondern einfach in dem sein, was ist. Unsere tiefste Sehnsucht geht danach, in der Anbetung einfach vor Gott niederzufallen, weil er Gott ist, von Gott so ergriffen zu sein, dass nichts anderes mehr zählt. Das Paradox dieser Erfahrung besteht darin, dass wir ganz präsent sind, wenn wir uns vergessen. Dann sind wir ganz im Augenblick, dann sind wir reiner Augenblick. Wir sind gegenwärtig. Und wir sind ganz wir selbst.

# Ganz im Schauen

Ewiges Leben ist nicht in erster Linie das Leben nach dem Tod, sondern es ist eine eigene Qualität von Leben. Wir machen immer wieder die Erfahrung, dass die Zeit verfliegt, dass sie brüchig ist, dass wir sie nicht festhalten können. Ewiges Leben ist ein Leben, das in der Zeit ist, aber doch über der Zeit steht, das nicht vergänglich und brüchig ist, sondern beständig, dauerhaft. Wir können in unserem Leben als Menschen die Ewigkeit nicht festhalten. Aber in dem Augenblick, in dem wir ganz im Schauen sind, in dem Zeit und Ewigkeit zusammenfallen, haben wir eine Ahnung von etwas Dauerhaftem, Beständigem, Ewigen, das nicht wieder zerfällt. In diesem Augenblick verstehen wir, was Ewigkeit ist. Und in solchen Augenblicken erfahren wir auch einen inneren Zusammenhang zwischen unserer begrenzten Lebenszeit und der Ewigkeit. In unsere begrenzte Zeit bricht immer wieder

Ewigkeit ein. Da berühren wir etwas, was die Zeit übersteigt und der Vergänglichkeit der Zeit nicht unterworfen ist. Das, was wir in solchen Erfahrungen nur ahnen, wird nach dem Tod für immer Wirklichkeit sein. In seinem „Cherubinischen Wandersmann" hat Angelus Silesius das so ausgedrückt:

„Wenn ich in Gott vergeh', so komm ich wieder hin,
Wo ich von Ewigkeit vor mir gewesen bin."

Es wird keine langweilige, einfach nur ins Unendliche ausgedehnte Zeit sein. Vielmehr ist die Zeit dann aufgehoben in Ewigkeit.

# Erlösende Hoffnung

Hoffnung hat jetzt und hier schon erlösende Kraft. Denn sie befreit mich schon hier von aller Angst und lässt mich daher die Gegenwart und meinen Alltag anders erleben. Ich bin frei, selbst lösend zu wirken und heilend auf andere zuzugehen. Ich selbst bin in der Lage, die Fesseln anderer zu lösen und befreiende Liebe in die Welt hinein zu tragen. Indem ich die Grenze des Todes als Einladung zu einem intensiven Leben hier und jetzt erfahre, kann ich gelassen und dankbar für jeden Augenblick sein.

# Ein guter Geschmack

Wenn ich die Zeit totschlage oder sie mit hektischer Aktivität fülle, nütze ich niemandem. Wenn für mich alles langweilig ist, will niemand an meiner Langeweile teilhaben. Wenn ich ständig Hektik um mich verbreite, fliehen die Menschen vor mir. Denn sie wollen sich nicht von meiner Hektik anstecken lassen. Aber wenn ich die Zeit genieße, werden es auch die Menschen genießen, mit mir zusammen zu sein. Sie möchten dann etwas lernen von meiner Lebenskunst, im Einklang mit mir und dem Leben zu sein, mit der Kunst, das Wenige, das ich habe, zu genießen. Die Zeit bleibt immer dieselbe. Aber wenn wir die Zeit genießen, bekommt sie eine andere Qualität, für uns selbst und für die Menschen um uns herum. Wir geben ihr dann einen guten Geschmack.

## Kostbar jeder Tropfen

Was unbegrenzt zur Verfügung steht, wird in aller Regel nicht sonderlich geschätzt. Was knapp ist, ist kostbar. Wir spüren, dass die Zeit kostbar ist. Sie ist zu schade, sie mit Nichtigkeiten zu füllen. Wer bewusst älter wird, hat eine besondere Beziehung zur Zeit. Und gerade der alte Mensch spürt, dass ihm nicht mehr viel Zeit bleibt. Also ist die Zeit, die ihm geschenkt ist, wertvoll.

Wenn wir im Alter fähig werden, die Zeit zu genießen, ganz im gegenwärtigen Augenblick zu sein, dann wird sie nicht weniger werden, dann wird sie uns nicht durch die Finger rinnen. Sie wird uns in jedem Augenblick geschenkt. Und wir ahnen in der Zeit schon etwas von der Ewigkeit. Zeit verwandelt sich in Ewigkeit, wenn wir ganz im Augenblick sind. Dann gibt es oft Augenblicke, in denen Zeit und Ewigkeit zusammen fallen, in denen die

Zeit still zu stehen scheint. Das ist dann nicht der Stillstand der Zeit im Sinne von Langeweile, sondern von Intensität. Wir berühren in der Zeit schon die Ewigkeit, die Fülle des Lebens.

„Kostbar ist mir jeder Tropfen Zeit", hat der hl. Augustinus bei seinem Nachdenken über die Zeit geschrieben. Und der alttestamentliche Weise Kohelet hat erkannt: „Alles hat seine Stunde. Für jedes Geschehen gibt es eine bestimmte Zeit." (Koh 3,1) Im Älterwerden sollten wir dem Geheimnis der Zeit nachspüren. Dann werden wir erkennen, dass unsere Zeit in die Ewigkeit Gottes hinein mündet. Denn nur Gott ist der Zeit enthoben. Solange wir leben, leben wir in der Zeit. Aber in der Zeit strahlt immer wieder schon Gottes Ewigkeit auf.

# Im Kreislauf der Liebe

Der hl. Augustinus meinte einmal, jeder wisse, was Zeit ist. Aber sobald wir länger darüber nachdenken, wissen wir es auf einmal nicht mehr. Die Zeit ist nicht zu fassen. Sie ist immer im Fluss. Und sie entschwindet uns mit jedem Augenblick: „Jedes Zeitteilchen, das man weiterlebt, wird von der Lebensdauer abgezogen, und tagtäglich wird weniger und weniger, was übrig bleibt, so dass die ganze Lebenszeit nichts anderes ist als ein Lauf zum Tode, bei dem niemand auch nur ein klein wenig stehen bleiben oder etwas langsamer gehen darf." Die Zeit entschwindet uns. Nur im Augenblick ist sie greifbar. Aber festhalten können wir sie nicht. Es bedarf der Kunst, ganz im Augenblick zu sein, um dem Geheimnis der Zeit näher zu kommen. Dort, wo ich ganz präsent bin, fallen Zeit und Ewigkeit zusammen. Dort übersteige ich die Zeit und habe teil am Geheimnis der Ewigkeit.

Ewigkeit bedeutet dabei nicht eine lange Dauer, sondern – nach der berühmten Definition des römischen Philosophen Boethius – „der vollkommene, in einem einzigen, alles umfassenden Jetzt gegebene Besitz grenzenlosen Lebens". Wer fähig ist, ganz gegenwärtig zu sein, der tritt für einen Augenblick aus dem Kreislauf der Zeit heraus und berührt die stillstehende Zeit, die Ewigkeit. Der persische Dichter Rumi meint, dass nur der aus dem Kreislauf der Zeit herauszutreten vermag, der in den Kreislauf der Liebe eintritt: „Tritt aus dem Kreislauf der Zeit heraus und in den Kreislauf der Liebe hinein." In der Liebe berühre ich etwas, das dauert. Der französische Philosoph Gabriel Marcel hat das in dem Wort ausgedrückt: „Lieben, das heißt zum anderen sagen: ‚Du, du wirst nicht sterben.'" Die Liebe überdauert die Zeit. Sie lässt die Zeit stillstehen. Sie ist die Erfüllung der Zeit.

# 6. Augenblick bringt das Glück

## Jede Stunde – meine Stunde

Unser Leben zeigt ein doppeltes Gesicht. Ich kann meine Zeit als freundlich erleben, aber auch als feindlich. Die Dichterin Rose Ausländer hat diese Erfahrung beschrieben:

„Die Zeit/ist mein Freund/mein Feind
Ich esse ihre Süßfrüchte/trinke ihren Wermut
Jede Stunde/ist meine Stunde/Staunen".

Wenn ich die Zeit kontrollieren und managen möchte, dann wird sie zum Gegner, mit dem ich kämpfe – und dem ich auf Dauer immer unterliegen werde. Wenn ich jedoch die Zeit genieße, ganz im Augenblick, und den Augenblick wahrnehme, dann wird die Zeit mir zum Engel. Dann schmeckt sie süß. Wenn ich sie mir zum Feind mache, dann schmecke ich ihre Bitternis. Jede Stunde wird zu meiner persönlichen Stunde, zur Stunde, die Gott mir geschenkt hat, wenn ich mir das Staunen bewahre. Wer staunt, ist im Augenblick. Er ist offen für das, was ihm gerade begegnet. Wenn ich staune über das Geheimnis dieses Augenblicks, dann ist dieser Augenblick ganz mein. Dann gehört er mir und Gott. Und was Gott und mir gehört, das ist heilig, das ist der Welt entzogen.

# Dem Glücklichen schlägt keine Stunde

Dieses Sprichwort erinnert uns daran, dass wir die Zeit vergessen, wenn wir glücklich sind. Die Zeit vergeht dann einfach ohne dass wir sie wahrnehmen. Wir sind ganz im Einklang mit uns selbst und schauen nicht auf die Uhr. Wir sind ganz und gar im Augenblick. Das Glück verlangt immer volle Präsenz in dem Augenblick, in dem wir gerade sind.

Wir können Glück auch nicht planen. Es ist nicht an bestimmte Zeiten gebunden. Das Glück kommt nicht, wenn wir uns lange genug angestrengt haben. Es meldet sich nicht zu einem bestimmten Termin bei uns an. Es überkommt uns einfach – wie ein unverhofftes Geschenk. Es gibt das Glück, das uns zufällt. Wir können es nicht planen. Auf einmal fühlen wir uns eins mit uns selbst. Wir gehen spazieren. Wir nehmen die wunderbare Landschaft um uns wahr. Auf einmal überströmt uns ein tiefes Glücksgefühl. Glück ist ein Geschenk Gottes, das uns aus heiterem Himmel zufällt. Was wir tun können, ist: ganz im Augenblick zu sein, offen zu sein für das Glück, das Gott uns zutraut. Und unsere Aufgabe besteht darin, immer wieder ja zu sagen zum Augenblick, dankbar zu sein für das, was jetzt ist. Dann werden wir in unserem Herzen immer wieder das Gefühl spüren, glücklich zu sein: ganz im Einklang zu sein mit uns selbst.

# Der Glanz des Lebens

„Augenblick bringt das Glück", so lautet die Volksweisheit. Es lohnt sich nicht, dem Glück nachzulaufen. Es ist schon da. Aber ist es nicht meist so: Es ist zwar da. Aber ich selber bin nicht da, es wahrzunehmen. Ich bin nicht „präsent", sondern irgendwo anders mit meinen Gedanken. Dort, im Niemandsland der Gedanken, finde ich das Glück nicht. Nur wenn ich aufhöre zu laufen und im Augenblick zum Stehen komme, kann ich das Glück erfahren. Glück heißt: im Einklang sein mit mir selbst, mit meinem Leben. Und es heißt auch: im Einklang sein mit diesem einen Augenblick. Wer einen Blick hat für den Augenblick, der erkennt darin den Glanz des Lebens, der erfährt Glück.

## Zeitvergessen

Wenn ich einen Sonnenuntergang betrachte, dann vergesse ich in diesem Augenblick die Zeit, dann ist Zeit und Ewigkeit eins geworden, dann berühre ich das Glück. Aber sobald ich über das Glück nachdenke, bin ich schon wieder außerhalb des Glücks. Was zuerst ist: das Vergessen der Zeit oder das Glück, kann man nicht sagen. Wenn ich die Zeit übersteige, wenn ich ganz und gar im Augenblick bin, dann bin ich glücklich. Und umgekehrt, wenn ich Glück erfahre, dann kenne ich keine Zeit, dann vergeht die Zeit wie im Flug. Dann achte ich nicht auf die Termine, die jetzt vielleicht anstehen. Ich fühle mich glücklich und im Glück der Zeit enthoben. Solche Augenblicke laden dazu ein, wieder in die Niederungen der Zeit und der täglichen Termine hinabzusteigen und sie mit der Ahnung von dem Glück zu erfüllen, das ich in zeitlosen Augenblicken erfahren habe.

# Was wirklich zählt

Was wirklich zählt, das lässt sich nicht quantifizieren, nicht zählen und nicht messen. Glück ist immer zeitlos. Eine tiefe Erfahrung überschreitet die messbare Zeit. Wer seine Stunden zählt, der lebt nicht in der Gegenwart. Er zählt sie entweder aus Zeitvertreib, weil die Zeit langweilig ist. Oder aber er wartet auf ein wichtiges Ereignis. Als Kinder haben wir die Tage bis Weihnachten gezählt. Das hat der Adventszeit durchaus eine eigene Qualität gegeben. Dieses Zählen meint keine Quantität. Denn ein solches Warten macht ja gerade sensibel für das Geheimnis der Zeit.
Die Zeit hat etwas zu bieten. Sie hält etwas in ihrem Schoß für uns bereit, das uns beglückt. Der Arbeiter zählt seine Stunden zusammen, um seinen gerechten Lohn zu bekommen. Meistens sind es aber gerade nicht die erfüllten Stunden, die wir zusammenrechnen. Es sind Stunden, die bezahlt werden. Stunden,

die wir nicht zählen, sind unbezahlbar. Sie sind die kostbaren Augenblicke. Es sind Stunden, die nicht vorübergehen, die man nicht messen kann. Die Zeit steht still. Und solche Augenblicke zählen wirklich.

## Aufleuchten

Denken heißt nicht die Dinge beherrschen, sondern sie sein lassen, sie in ihrem Wesen erscheinen lassen. Zum echten Denken gehört die Gelassenheit. Sie ist die Grundvoraussetzung, dass ich mich ganz auf den Augenblick einlassen kann, ohne ihn einem Zweck zu unterwerfen, den ich selber setze. Ich bin einfach da. Ich bin reines Sein. Und dieses reine Sein leuchtet auf in meinem Denken, im Hören von Musik, im Schauen der Schöpfung und der Kunst. Es ist ein gelassenes Denken, ein gelassenes Hören und ein gelassenes Schauen. Dieser Gelassenheit zeigt sich das Geheimnis des Seins in seiner Fülle.

# Süß und schön

Rainer Maria Rilke bringt es auf den Punkt:

„Wunderliches Wort: die Zeit vertreiben!
Sie zu halten, wäre das Problem.
Denn wen ängstigts nicht: wo ist ein Bleiben,
wo ein endlich Sein in alledem?"

Das deutsche Wort „vertreiben" hat einen negativen, bitteren Beigeschmack. Ich vertreibe Menschen. Ich vertreibe die Kinder oder die Vögel, die meine Ruhe stören. Genauso vertreiben wir die Zeit, da sie für uns etwas Unangenehmes ist, etwas, das uns stört wie das Kindergeschrei. Rilke meint, die Zeit sei etwas Kostbares. Es gehe darum, das Sein der Zeit zu entdecken. Dazu sollten wir die Zeit halten, sie anhalten, damit sie stillsteht, damit wir die Zeit spüren. Wenn wir die Zeit spüren, dann ist es eine kostbare, eine angenehme Zeit. Ganz gleich, was in dieser Zeit dann ist, das Zwitschern der Vögel oder das Schreien der Kinder, es ist immer eine gute Zeit. Wir hören dann die Vögel und die Kinder und erfreuen uns. Wir hören Leben aus ihnen heraus. Wer die Zeit vertreibt, der vertreibt auch die schöne Musik, die in der Zeit erklingt, der vertreibt die Süße der Zeit, die Schönheit des Augenblicks.

# Erfüllt

Ohne Abschied und Neubeginn wird die Zeit langweilig. Sie wird immer gleich. Es löst sich nichts. Ohne Abschied schleppe ich die Vergangenheit immer noch mit mir herum. Und irgendwann wird die Last zu groß. Die Zeit erneuert sich, wenn ich immer wieder vom Vergangenen Abschied nehme, um das unberührte Neue zu beginnen.

# Einmünden in die Ewigkeit

Wer etwas kauft, will es besitzen. Die Zeit kann niemand besitzen. Sie wird uns geschenkt. Und nur der, der sie wahrnimmt und bewusst erlebt, erfährt sie als Geschenk. Allen anderen entschwindet sie ständig: Sie jammern, dass sie so wenig Zeit haben; sie wissen nicht, wohin die Zeit gegangen ist. „Die Zeit ist der beste und klügste Lehrer." (Abraham Ibn Esra) Sie lehrt uns, dass nur der wahrhaft lebt, der ganz bei sich ist. Und sie lehrt uns weiter, dass nur der weise ist, der die Begrenztheit der Zeit anerkennt, die ihm gegeben ist. Wir können nicht dem Geheimnis der Zeit nachspüren, ohne an den Tod zu denken, in dem unsere Lebenszeit an ein Ende kommt, um einzumünden in die zeitlose Zeit, in die Ewigkeit.

## Ganz bei sich

Manchmal machen wir die Erfahrung von Einssein, ohne dass wir uns darauf vorbereitet haben. Sie überkommt uns im Urlaub, wenn wir ganz im Schauen sind, uns ganz eins fühlen mit der Umgebung. Sie überfällt uns beim Hören von Musik. Manchmal machen wir auch mitten in der Arbeit plötzlich die Erfahrung, dass wir ganz bei uns selbst sind, ganz eins mit uns und auch mit den Menschen, mit denen wir gerade zusammen sind. All das sind letztlich mystische Erfahrungen, auch wenn wir sie nicht in einer frommen Sprache beschreiben und auch wenn wir Gott darin nicht genau orten können. Dennoch ist jede Erfahrung absoluten Einsseins immer auch eine Erfahrung des Einsseins mit Gott, dem Grund allen Seins. Gott ist die Tiefe dieser Einheitserfahrung.

# Jede Sekunde

Der römische Philosoph auf dem Kaiserthron Marc Aurel (121–180) hat einen bemerkenswerten Satz gesagt: „Wenn du die Zeit nicht zur Aufheiterung deiner Seele verwendest, wird sie entschwinden, und du wirst entschwinden, und ein zweites Mal wird es nicht möglich sein, sie zu verwenden." Für die stoischen Philosophen bedeutet die Aufheiterung der Seele nicht, sich möglichst viele Vergnügen zu gönnen. Vielmehr versteht Marc Aurel das Aufheitern der Seele darin, sich frei zu machen von äußeren Abhängigkeiten und sie mit philosophischen oder religiösen Gedanken zu füllen. Der Gedanke an Gott ist die wahre Aufheiterung der Seele. Denn da strömt Gottes Licht in den Menschen ein. Man könnte auch sagen: Eine Zeit, in der ich nicht in Berührung bin mit meiner Seele und der inneren Heiterkeit der Seele, ist verlorene Zeit. Sie entschwindet mir. Und ich selbst entschwinde mir. Denn ich bin mit meinem wahren Wesen nicht anwesend in der Zeit. Nur die Zeit, in der ich bei mir bin, in mir bin, in der inneren Heiterkeit, ist wirkliche Zeit, „kairos", wie Jesus die angenehme Zeit, die Zeit der Gnade nennt. Heiterkeit ist Ausdruck einer gesunden Spiritualität und Zeichen menschlicher und geistlicher Reife. Heiterkeit meint innere Klarheit. Die Wolken von Traurigkeit und Ärger haben sich verzogen, und der klare Himmel leuchtet in der Seele.

Jede Sekunde unseres Lebens ist von Natur aus glücklich. Wir selber verbauen uns das Glück, wenn wir uns vom Ärger bestimmen lassen.

## Ganz präsent

Der evangelische Mystiker Gerhard Tersteegen hat im Jahre 1729 das wunderbare Lied gedichtet: „Gott ist gegenwärtig. Lasset uns anbeten und in Ehrfurcht vor ihn treten." In der christlichen Tradition gibt es die Übung, in der Gegenwart Gottes zu leben. Gott ist nicht der ferne. Er ist der, der ganz im Augenblick ist. In seiner Gegenwart komme ich zu mir selbst, verlasse ich das Nachdenken über die Vergangenheit oder Zukunft.

Ich lasse mich auf diesen jetzigen Augenblick ein. Denn in ihm ist alles, wonach ich mich sehne. Wenn ich gegenwärtig bin, dann ahne ich, was es heißt: Gott ist gegenwärtig. Die richtige Reaktion auf die Gegenwart Gottes ist die Ehrfurcht und die Anbetung. In der Anbetung vergesse ich mich selbst. Da bin ich einfach nur da. Ich falle vor Gott nieder, weil seine Gegenwart mich ganz und gar ausfüllt.

Wir müssen diese Kunst wieder lernen, ganz im Augenblick zu sein, präsent zu sein. Gott ist gegenwärtig. Und nur wenn der Mensch auch ganz in der Gegenwart lebt, vermag er ihm zu begegnen. Begegnung ist ohne Gegenwart nicht möglich. Das gilt nicht nur für die Begegnung mit Gott, sondern auch für die Begegnung mit einem Menschen. Nur wenn beide ganz gegenwärtig sind, können sie sich begegnen, nur dann nehmen sie den anderen so wahr, wie er ist.

# Ewigkeit ist jetzt

„Die Menschen verbringen ihre ganze Zeit mit vorbereiten, vorbereiten, vorbereiten ... Nur um dem nächsten Leben dann völlig unvorbereitet zu begegnen." Das sagt der tibetische Weise Drakpa Gyaltsen über die Menschen im Westen.

Viele Menschen bereiten sich ständig nur darauf vor, wirklich leben zu können, anstatt das Leben zu ergreifen, das schon da ist. Das Leben ist in jedem Augenblick. Doch oft benutzen wir unsere spirituellen oder auch psychologischen Techniken und Methoden lediglich dazu, uns für die Zukunft zu wappnen. Wir glauben, uns erst dann den heutigen Anforderungen stellen zu können, wenn wir unsere gesamte Vergangenheit aufgearbeitet haben. Doch manche bleiben in der Aufarbeitung ihrer Verletzungsgeschichte stecken. Sie kommen nie zum Leben. Andere bereiten sich durch gute Vorsätze darauf vor, irgendwann einmal gelassen und heiter leben zu können. Aber sie kreisen immer nur um die Vorsätze, die sie doch nicht erfüllen. Sie bräuchten nur ihren ganzen Druck loszulassen, mit dem sie sich zwingen, die Voraussetzungen des Lebens zu erfüllen. Der Druck erzeugt kein Leben. Er behindert es nur.

Das Leben ist in jedem Augenblick gegenwärtig. Es liegt vor meinen Füßen. Ich muss es nur betreten. Ich brauche keine lange Vorbereitung. Der nächste Schritt ist ein Schritt ins Leben, wenn ich ihn bewusst vollziehe. Wer ganz im Augenblick lebt, der spürt hier und jetzt schon, dass Zeit und Ewigkeit zusammenfallen. Für den bricht die Ewigkeit in seine Zeit ein. Er hat jetzt schon ein Gespür für das ewige Leben, für das „nächste Leben". Er bezieht den Tod mit ein in sein Leben. Er denkt an den Tod nicht an etwas Zukünftiges, auf das er sich vorbereiten muss, sondern als etwas, das ihn jetzt einlädt, im Augenblick zu leben.

# Wie im Himmel

„Der Himmel ist in dir. Suchst du ihn anderswo, fehlst du ihn für und für." (Angelus Silesius)

Angelus Silesius spricht unsere tiefste Sehnsucht an: den Himmel. Es ist nicht nur der Himmel, der uns nach unserem Tod erwartet, sondern der Himmel, der in uns ist. Wir sagen von Augenblicken, in denen unsere Sehnsucht erfüllt wurde: Es war himmlisch. Doch solche himmlischen Augenblicke können wir nicht festhalten. Sie ziehen an uns vorbei. Wenn wir den Himmel in uns entdecken, dann brauchen wir uns nur nach innen zu wenden. Dann sind wir im Himmel. Dann wird es für uns himmlisch. Dann hören wir auf zu hetzen.

# Gott in mir und ich in Gott

„Ewigkeit ist, wenn es nicht mehr an Gegenwart fehlt." (Boethius)
Wie kann es mir an Gegenwart mangeln? Die Gegenwart ist doch einfach da. Ja, sie ist da. Aber wenn ich nicht in der Gegenwart bin, dann fehlt sie mir. Gegenwart ist Anwesenheit. Wenn ich nicht anwesend bin, ist auch der Augenblick nicht anwesend. Denn der Augenblick bekommt durch mich sein Sein, seine Präsenz. Ewigkeit ist daher auch, wenn ich ganz anwesend bin, wenn ich ganz bin, wenn ich teilhabe am reinen Sein. Gott ist das reine Sein. Wahre Gegenwart ist nur in Gott. Gott ist stets gegenwärtig. Und wenn ich gegenwärtig bin, ist Gott in mir und ich in Gott.

# Quellenhinweis

Die Texte sind entweder neu formuliert oder wurden im Rundbrief „einfach leben – ein Brief von Anselm Grün" (www.einfachlebenbrief.de) publiziert. Weitere Texte sind, teilweise sprachlich neu gefasst, folgenden Büchern von Anselm Grün entnommen:

Mit Anselm Grün zur inneren Balance finden, Freiburg, 5. Auflage 2008, S. 21 f., 29, 32 f., 41, 45, 58, 112, 146.
Das Buch der Lebenskunst, Freiburg 5. Auflage 2009, S. 30 f., 67 ff., 76, 79 f., 122 f., 126 f., 156 f., 159.
Im Zeitmaß der Mönche, Freiburg 4. Auflage, 2004, S. 38 f., 42, 104, 109.
Buch der Antworten. Antworten auf Fragen, die das Leben stellt, Freiburg, 2. Auflage 2009, S. 18 f., 89, 93, 128 f.
Leben ist Jetzt. Lebenskunst des Älterwerdens, Freiburg, 2. Auflage 2009, S. 23, 74, 101, 132 f.
Das kleine Buch vom guten Leben, Freiburg, 6. Auflage 2010, S. 54, 59, 81, 110 f., 134 f., 144 f., 150.
Was soll ich tun?, Freiburg 2008, S. 87 f.
Das kleine Buch der Lebenslust, Freiburg, 6. Auflage 2009, S. 105 ff., 152 f., 158.
Das kleine Buch vom wahren Glück, Freiburg, 20. Auflage 2010, S. 100, 149.
Mystik. Den inneren Raum entdecken, Freiburg 2009, S. 151.